本书的翻译工作得到
中车云商（北京）信息技术有限公司
技术团队的大力支持

ASE 汽车职业技能提升指南

电控柴油发动机检测与维修（L2）

[美] 布里安 · 克劳利（Brian Crowley） 编
王凯明 译

机械工业出版社

本书前四章介绍了ASE考试中电控柴油发动机检测与维修的考查项目、必须掌握的知识点和技能等。第五章中给出了6套模拟考试题。第六章给出了答案，答案讲解，以及答题注意事项、知识点的提炼等。本书非常适合相关院校作为专业考评的参考用书，也适合维修企业作为员工测试的参考用书。书中单位均为英制单位，书末附有单位换算表。

ISBN 978-7-111-63314-3

Cengage Learning Asia Pte. Ltd.

151 Lorong Chuan, #02-08 New Tech Park, Singapore 556741

北京市版权局著作权合同登记　图字：01-2016-4305号。

图书在版编目（CIP）数据

ASE 汽车职业技能提升指南 . 电控柴油发动机检测与维修：L2/（美）布里安·克劳利（Brian Crowley）编；王凯明译 .—北京：机械工业出版社，2019.8

书名原文：ASE Test Preparation Manual Electronic Diesel Engine Diagnosis Specialist（L2）

ISBN 978-7-111-63314-3

Ⅰ.①A…　Ⅱ.①布…②王…　Ⅲ.①汽车－电子控制－柴油机－检测－指南②汽车－电子控制－柴油机－车辆修理－指南　Ⅳ.①U472-62

中国版本图书馆 CIP 数据核字（2019）第 153633 号

机械工业出版社（北京市百万庄大街 22 号　邮政编码 100037）
策划编辑：杜凡如　责任编辑：刘　煊　丁　锋
责任校对：张　力　封面设计：陈　沛
责任印制：张　博
三河市宏达印刷有限公司印刷
2019 年 9 月第 1 版第 1 次印刷
184mm × 260mm · 10 印张 · 248 千字
0 001—3 000 册
标准书号：ISBN 978-7-111-63314-3
定价：35.00 元

电话服务	网络服务
客服电话：010-88361066	机　工　官　网：www.cmpbook.com
010-88379833	机　工　官　博：weibo.com/cmp1952
010-68326294	金　　书　　网：www.golden-book.com
封底无防伪标均为盗版	机工教育服务网：www.cmpedu.com

译者序

ASE 是英文 Automotive Service Excellence（美国汽车维修优秀技师学会）的缩写，是一家成立于 1972 年的非营利机构，主要职能是通过认证汽车售后专业人才来提高汽车维修和服务质量。ASE 在美国教育、汽车维修和汽车制造行业专家的共同支持下，经过多年的努力，建立了一套科学完善的模块化汽车售后服务人才认证体系，包括认证标准、考题、教材等。ASE 认证分为以下几个大组（相当于我国职业分类中的“细类”，即“职业”）：汽车维修、中 / 重型货车维修、货车装备维修、校车维修、事故车维修、新能源汽车维修、零件专员、汽车服务顾问、碰撞估损等，各个组别中分别设有多种证书，如汽车维修组中设有发动机机械、发动机性能、电子电气等 8 种证书，证书总共有 40 多种。学员只要通过一项考试，即可获得一张证书；如获得一个组别中的所有证书（如汽车维修组别中的 8 种证书），即可获得高级技师证书。为了促进证书持有人不断学习新技术，确保其维修水平不落伍，ASE 将证书有效期设定为 5 年，5 年后必须重新认证，否则证书自动失效。在美国，汽车维修人员一旦获得 ASE 证书，即意味着步入了汽车修理界的精英行列，将在汽车售后行业获得良好的就业和职业发展机会，因为 ASE 证书不仅得到了汽车售后服务行业雇主的认可，同时也得到了汽车制造企业和消费者的认可。目前，美国有 30 多万人持有有效的 ASE 证书。ASE 认证为保障美国汽车售后行业的发展和人才供给做出了巨大贡献，客观上也保障了美国在用汽车的安全和环保，为促进就业和国民经济发展做出了贡献。

我国虽然连续多年位居全球第一大汽车市场，但汽车售后服务却一直是薄弱环节，尤其缺乏高端技能人才。借鉴 ASE 的成熟经验，在我国开展模块化汽车售后服务人才培训和认证是增加高端技能人才供给，提高汽车售后服务质量的有效手段，为此，我们翻译出版了 ASE 汽车职业技能提升指南丛书。

本套丛书主要介绍了 ASE 考试流程、任务列表（考试内容）和试题类型，以帮助学员在考试之前熟悉和了解 ASE 认证考试，并可通过书中模拟试题自测一下自己是否已为 ASE 正式考试做好了准备。本套丛书一共分为 12 册，每册内容架构基本相似，都由以下 6 个部分组成：ASE 的历史和目的、考试介绍、试题类型、任务列表概述、模拟考试、标准答案和解释等。其中，每本书给出一个认证模块的任务列表，即该模块认证证书的知识要求，ASE 考试基本都是围绕这些任务列表来命题的。学员在备考时，应当对照各个任务列表来检查自己是否掌握了所有必需的知识。

ASE 汽车职业技能提升指南丛书涉及汽车售后服务各方面的知识，包括汽车技术、维修诊断技能、排放检测、维修服务顾问、配件营销等多个领域，知识宽泛，专业性强，术语丰富，翻译难度较大。为了保证翻译质量，我们邀请了在汽车售后行业具有丰富维修和教学经验的专家参与了翻译，在翻译过程中字斟句酌，还查阅了大量相关资料，请教了很多业内专家。尽管我们力求翻译精准、语句通顺甚至优美，但难免还会有失误或偏差，敬请广大读者批评指正。

本套丛书的主要读者对象包括 ASE 备考人员、汽车售后服务从业人员、汽车维修及相关专业教员或讲师等。

最后，对于在丛书编译过程中提供了各种帮助的专家和一线技术人员致以诚挚的谢意！

吴友生

目 录

Chapter 1

第一章 ASE 的历史和目的

ASE（Automotive Service Excellence，美国汽车维修优秀技师学会）于1972 年创办，旨在通过汽车维修技师考试和认证，提高美国汽车维修质量。参与创办 ASE 的都是汽车领域的领头人，他们希望消费者可以借此正确地判断汽车维修技师的知识水平和能力。

如今，ASE 提供 40 多种认证考试，涵盖轿车、轻型 / 重型货车、校车、公交车、碰撞整修、局部修理、汽车服务咨询以及其他与汽车工业相关的领域。截至目前，全美超过 385 000 名汽修人员得到了 ASE 认证。这些专业人员就职于轿车或货车 4S 店以及独立的汽车修理机构等。

ASE 认证考试以行业为导向，突出实际的诊断和修理问题，旨在加强相关职业技能知识。至少通过 ASE 一项考试并提供两年相关工作经验证明后，才可以获得 ASE 单项认证证书。ASE 认证有效期为 5 年，5 年后必须重新认证，否则证书自动失效。

ASE 既提供面向独立汽车维修技师的资格认证，也有适合维修厂、4S 店的质量认证项目，即优秀蓝印认证项目（The Blue Seal of Excellence Recognition Program）。“优秀蓝印”用作修理厂的门外标识，或悬挂于车主等候区，或印在电话簿（黄页）和报纸广告上，以便于车主们查找有“优秀蓝印”标志的修理厂。要想得到蓝印认证，维修厂必须至少有 75% 的汽车技师得到 ASE 认证。

ASE 意识到，支撑汽车服务和维修行业的教育项目，也需要得到师资水平和教学设备的认证，证明可以为未来的汽车专业人才提供高质量的教学服务。通过 ASE，在汽车工业和汽车专业教育专家的共同努力下，1983 年成立了一个名为国家汽车技术员教育基金（NATEF）的非营利组织，对汽车类学术课程进行评估和认证。如今有 2000 多个汽车教育项目得到了 NATEF 认证。

如果希望获得更多关于 ASE、NATEF 或其他项目的信息，可以直接访问官网 www.ase.com。

Chapter 2

第二章 考试介绍

通过 ASE 认证考试即可证明汽车技师具有过硬的专业知识和维修技能，以及拥有维修现代汽车的资质。

如何注册考试

> **注意：** 自 2011 年 11 月起，ASE 已停止提供纸质考试认证。2012 年当年取消冬季考试，并从 2012 年 4 月起开始进行机考。

ASE 推出的机考（Computer-Based Testing，CBT），可以通过遍布全美的考试中心进行注册。参加考试的条件和要求可以通过访问 ASE 官网进行查询。同时，ASE 官网还提供了机考演示界面，帮助考生提前了解机考信息。

CBT 每年会安排 4 次考试：

1 月 /2 月——冬季考试期；

4 月 /5 月——春季考试期；

7 月 /8 月——夏季考试期；

10 月 /11 月——秋季考试期；

注意：考试实际时间请参考官网。

出题准则

ASE 试题均来自熟悉汽车维修咨询的行业专家组成的“ASE 试题组委会”。这些专家包括国内外汽车制造厂的维修代表、售后配件和设备制造商、在一线工作的技师和职业从教人员。所有考题都要在美国抽取的技师中进行预测试和质量检查，满足 ASE 质量和准确度的试题方可加入试题库。ASE 试题强调实用性，因此与技师每日所进行的维修、诊断息息相关。

根据 ASE 不同的考试项目，会有 40~80 道选择题需要进行回答。电控柴油发动机检测与维修（L2）测试的相关题目信息可以参照第四章。重新认证与首次认证相比，试题数量减半。

> **注意：** 试题中会包含基于统计研究为目的的题目，这些题目对你的分数没有影响。考试中不会进行特别标注，因此，最好完成全部试题。

ASE 试题使用包括年龄、种族和其他背景信息等多个标准，保证所有试题不包含对任何特定群体的偏见或反对。

考试技巧

答题前，先看一下试题数目，这有助于考生合理安排答题时间。答题时，先仔细阅读每道题干，再进行作答，可以把不会做的题目留到最后进行回答。

选择题因为选项的相似性以及部分正确的特点，往往并不容易作答。因此，考生最好在浏览选项前，就想出正确答案。如果在选项中看到了自己的“正确答案”，在选择前，也要看看其他选项有没有比这个更加全面的。如果不确定或不知道正确答案，可以采用排除法进行选择：仔细阅读每个选项，排除你认为是错误答案的选项。如果考生完成了所有会做的试题，仍然有一些无从选择，可以尝试进行猜测，这样仍然有 25% 的得分可能性。

考生不要听信一些所谓的“答题技巧”，比如：

（1）有些人会建议考生不要选择带有确定含义——“全部，总是，从来不，只有一个”的选项，依据是“世界上没有绝对的事情”，他们会建议考生选择带有可能性词语的选项——“有时，经常，总是，很少，一般”。

（2）有些人还会建议考生避免选择 A 或 D 选项，因为他们认为出题人更倾向于将正确答案安排在 B 或 C 这两个选项上。

（3）还有些人会建议考生选择四个选项中语句最短或最长的那个。

（4）也有些人建议考生相信第一感觉，不要轻易对选项进行改动。

ASE 的所有考题都经过抽取的技师进行预测试和质量检查，以满足 ASE 质量和准确度，因此，并不存在上述所谓的“答题技巧”。

如何备考

Delmar 圣智学习出版公司希望为考生提供全面的复习指导。本书包含数百道考题，通过这些试题，考生可以清楚地了解 ASE 考试，并且知道自己哪一部分知识还需要加强。

第三章介绍了 ASE 试题的类型描述和解释，为考生建立 ASE 试题框架。

第四章帮助考生了解 ASE 主要评估哪种能力，侧重点是什么以及试题数量分布。

第五章准备了模拟考试题，以供考生练习使用。答题结束后，可以查阅第六章的参考答案及详细解释进行比对。通过比对得到的反馈，可以帮助考生及时调整自己的备考进度。如果对参考答案存在疑问，可以返回第四章的任务列表寻求帮助，所有的答案详解都标注了考查范围（比如任务 A.1）。如果考生对此部分还存在疑虑，请查阅相关教材和教学资源等进行深入学习。

第五章共有 6 套模拟考试题，我们建议考生完全模拟正式的考试进行一次答题。然后比对第六章的参考答案或者相关的任务信息，对错题进行分析。

最简单有效的方法是研读技术教材，最难改变的是导致你出现错误的习惯行为。如果你理解题目信息，然而还是做了错误选择，这就需要考生修正自己的答题行为：有可能是读题过于匆忙或是遗漏了关键词导致了这样的错误发生。如果你能够找到导致出现错误的根本原因，那么就可以有针对性地进行练习，以提高分数。

以下是一些基本复习指导：

1）考生要专注于薄弱项目的学习。

2）考生要对自身知识掌握有正确的认识。

3）合理利用学习时间。

4）学习的时候不可一心二用。

5）考生需谨记，学习的最终目标不仅仅是为了通过考试，而是自己真正掌握相关的知识技能。

6）考前注意合理饮食，保证充足的睡眠。

7）提前到达考场，有序入场。

8）合理利用考试时间，检查试卷有无遗漏或错误。

9）尽可能回答全部试题，不要有空置，空置的题目绝对会扣分。

考试必备：

1）有效的身份证件。

2）准考证。

3）手表（并不是所有考场都有钟表）。

注意：教材、计算器以及其他参考资料都禁止带入考场。考生允许携带英语词典或术语词典进入考场。监考官将对考生携带的物品进行检查。

考前说明

考生进入 CBT 考场后，监考官会进行考前说明。CBT 考试中，每道题只有 1 个正确选项，允许考生在答题时间内随时修改自己的答案，也允许考生按照自己的顺序进行答题，随时快进或后退。

考试时间

根据考查科目的不同，考试时间从 0.5~2h 不等。考生还会有额外的 30min 用来了解考试细则等信息。考生第一次注册 CBT 考试的时候，可以同时报名多个项目认证考试，允许的最长考试时长为 4.5h。如果超过 4.5h，考生需要重新注册。根据报考科目的不同，考试有可能安排在同一天的上午或下午，也有可能安排在不同的日期，详细的考试日期请参考 ASE 官网。

如果考生迟到，将不会给予时间补偿，考生只能在规定的时间内完成考试。考生需要根据考试题目数量合理安排自己的时间，防止无法按时完成考试。同时，在考试中，如果考生因故想暂离考场，必须得到监考官的许可；只有在规定的时限内，考生方可提前离开考场。

评分准则

更好地理解 ASE 评分标准，可以帮助考生取得更好的成绩。ASE 认证考试的评分由与 ASE 或者汽车行业没有关系的独立机构完成。

每道试题所占的分值都是相同的，比如，有 50 道试题，那么每道试题的分数都为 2 分。

考试结果说明：

1）考生的汽车相关知识水平满足了相关要求。

2）考生的汽车相关知识仍然需要夯实。

ASE 分数报告根据所考查的项目进行展示，列出了各项中试题数量以及考生得分情况。报告可以帮助考生了解自己在各项中的表现，明确自己的强项和薄弱项。需要注意的是，由于各部分试题数目不同，ASE 认证无法计算平均分。

考生需要认识到，ASE 考试并不存在“失败”这一说法。技师没有通过认证只能说明其仍然需要大量的复习准备工作。在反思失分原因的同时，需要注意各项目的试题数目。ASE 认证考试全方面考查了技师在各项目中的技能与知识，因此，考生在复习时应做到全面，无论哪一个项目的低得分都有可能导致考生无法通过认证。当然，考生可以在注册期内的任意时间参加认证考试，不受参加次数的限制。

Chapter 3

第三章 试题类型

在备考中，考生除了要熟悉考试内容以外，还应该对试题类型有所了解。本章主要展示了 ASE 认证考试中出现的题型以及常规错误。

考生无论参加的是初次认证考试还是再认证考试，考试内容均相同，只是在试题数目上有所差异。如果参加的是初次认证考试，试题数量为 40~80 道；如果参加的是再认证考试，试题数量比初次认证考试减半。第四章会详细介绍初次认证考试中各考查项目中试题数量信息。

ASE 认证考试的试题均为单项选择题，这样可以有效地考查考生的知识水平。每道题目，考生均需要对给出的四个选项进行分析，选出一个最合题意的答案。考生切忌匆忙读题所导致的盲目选择。

ASE 考试中有 10% 左右的试题有相应配图。配图包含了题目所需的所有信息。考生需要在答题前仔细研究配图，避免盲目答题或考虑不全面。

简单结论型

这类试题是 ASE 试题中最常见的一类。这类试题一般由题干和四个选项组成。其中，三个选项为干扰项。这类试题可以直观地考查技师知识掌握的牢固程度。

请看例题：

B.15

1. 以下哪一个可以测量汽车发动机的气缸间隙？

A. 百分表

B. 塞尺

C. 外径千分尺

D. 带表卡尺

选项 A 错误。百分表用于测试偏摆程度。

选项 B 正确。塞尺用于测量气缸间隙。

选项 C 错误。外径千分尺用于测量轴承间隙。

选项 D 错误。带表卡尺主要用于测量外部高度或内部尺寸，不可用来测量气缸间隙。

E.2

2. 具有电子节气门控制的车辆查到一个加速踏板位置故障码。技师在使用扫描工具观察加速踏板位置传感器电压时，移动线束，传感器电压也随之发生变化。以下哪一个是最有可能导致诊断故障码出现的原因？

A. 扫描工具故障

B. 电子控制模块（ECM）故障

C. 加速踏板位置传感器线束故障

D. ECM 电源故障

选项 A 错误。当移动线束，电压改变时，与扫描工具故障无关。

选项 B 错误。当移动线束，电压改变时，与 ECM 故障无关。

选项 C 正确。当移动线束，电压改变时，那么最有可能是因为传感器线束故障引起的。

选项 D 错误。当移动线束，电压改变时，ECM 其他部分工作正常，那么最可能引起该故障的原因应该为传感器线束问题。

补充完整型

补充完整类试题需要从四个选项中选取一个最合适的，将题干描述补充完整即可。

请看例题：

技师参考电路图最希望找到：

A. 电源和接地端电路分布

B. 接地端位置

C. 更新故障模式

D. 电气故障排查流程图

选项 A 正确。电路图有详细的电源、接地端分布展示。

选项 B 错误。电路图一般不会包含接地端位置信息。

选项 C 错误。技术维修手册才提供故障模式。

选项 D 错误。电路图不提供故障排查流程图。

判断对错型

这类试题往往会给考生“技师 A 说”和“技师 B 说”两个句子，让考生判断对错。考生需要判断这两人的说法是都对还是都错，或者只有一人正确。

这类试题会给出两位技师谈话的背景，帮助考生进行分析。相比其他类型试题，这类试题最简单，因为只需要进行两个选项的判断。回答这类试题时，考生需要分别分析两位技师的语句，判断哪位说得正确。

请看例题：

汽油发动机前部附件驱动机构可以听到噪声。技师 A 建议拆下传动带，帮助找到噪声源。技师 B 建议把水滴在传动带上，判断噪声点。他们两人谁说得对呢？

A.4

A. 技师 A 对

B. 技师 B 对

C. 两人都对

D. 两人都错

选项 A 错误。技师 B 也正确。

选项 B 错误。技师 A 也正确。

选项 C 正确。两人都对。发动机拆掉传动带短时间运转，可以判断传动带是否是噪声源。同样，如果水滴在传动带上后，噪声消失，那么传动带就是噪声源。

选项 D 错误。两人都对。

“除了”型

这类试题的四个选项只有一个是错误的。考生需要仔细读题，不要被正确的语句所迷惑，导致失分。

请看例题：

A.3

技师们正在查找汽油发动机的漏油点，以下除了（ ）工具，其余都可以帮助技师查找泄漏点？

A. 黑光

B. 白色粉末

C. 真空计

D. 油性染料

选项 A 错误。黑光可以帮助确认泄漏点。

选项 B 错误。白色粉末可以帮助确认泄漏点。

选项 C 正确。真空计不可以帮助确认泄漏点。

选项 D 错误。油性染料可以帮助确认泄漏点。

“最不可能”型

这类试题与“除了”类型试题相似。正确答案就是四个选项中说法错误的那个。

请看例题：

B.7

以下四个选项中，哪一个最不可能引起点火模块故障？

A. 火花塞线路断路

B. 润滑脂消耗完全

C. 火花塞污垢

D. 模块螺钉松动

选项 A 错误。次级点火元件故障是引起点火模块故障的主要原因。

选项 B 错误。一些点火模块需要使用润滑脂帮助散热。

选项 C 正确。火花塞污垢可能导致发动机失灵，但不会引起点火模块故障。

选项 D 错误。螺钉松动会引起点火模块故障。

总结

本章列举了考生在 ASE 认证考试中会遇到的所有题型。ASE 认证考试试题不包含填空、判断对错、词语匹配或者论述。同时，也不会要求考生画图或列表。试题中会提供可能用到的公式。

第四章 任务列表概述

Chapter 4

说明

本章讲述了电控柴油发动机检测与维修（L2）认证考试要求掌握的内容范围和任务列表。

任务列表即技师为完成某个技术领域相关的作业所需掌握的实际知识和技能。任务列表是一个基本准则，帮助你了解哪些领域可以接受测试，以及每个领域如何加权，包括在 ASE 认证考试中该领域需要回答的问题数量。要注意考试题目数量或相关技术领域仅可作为一个参考。考试中的问题数量可能与任务列表中的数量不一致。任务列表是专门设计用于告诉你 ASE 希望你知道该怎么做和帮助你为测试进行准备。

任务列表为 ASE 实际考试范围提供参考，Delmar 圣智学习出版公司利用这个任务列表，已经开发了六套模拟试卷，见本书第五章。需要注意的是，尽管 ASE 和 Delmar 圣智学习出版公司使用相同的任务列表作为参考构建了这些测试题，但在本书中出现的测试题不会出现在 ASE 实际现场考试中。对你使用的任何测试准备材料来讲，它是真实的。真正的考试题仅在 ASE 实际考试中才可见到。

作业列表概述

电控柴油发动机检测与维修（L2）关注 4 个核心领域，在认证考试中可能有约 45 道题目，如下所列：

A. 一般检查和诊断（4）

B. 发动机电子控制诊断（27）

C. 进气和排气系统诊断（6）

D. 燃油系统诊断（8）

L2 的认证和新证换发的测试覆盖相同的内容领域，并具有相同的得分题数量。

> **注意：** L2 测试中包含了多至 15 个仅是出于统计研究目的的额外题目。你对这些问题的回答不会影响你的测试得分，但因为你并不知道它们是哪一个，所以你应回答测试中的所有题目。

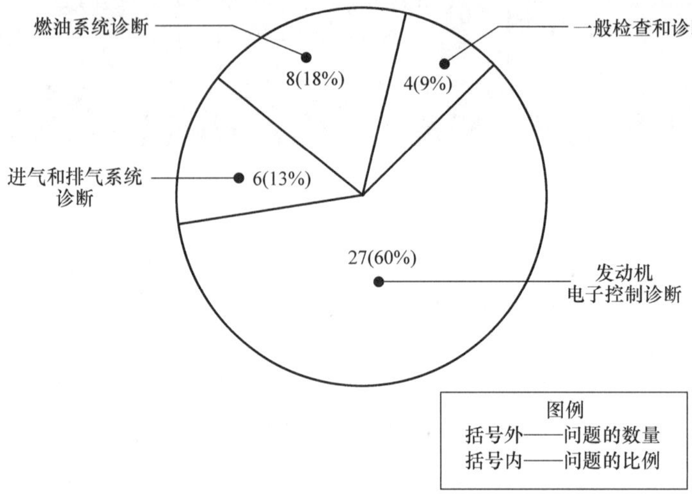

A. 一般检查和诊断

1. 识别发动机型号和序列号以便查询适用的汽车和维修信息

发动机型号和序列号可在发动机数据标签上找到。该数据标签位于气门室盖或附件传动罩盖上。在许多情况下，它还被铸造或刻印在发动机缸体上。这些编号被用于确定相关的维修信息、维修措施、技术服务公告和维修活动或更新。在发动机上发现的该型号编号和序列号应与存储在发动机控制模块（ECM）内的一致。若不一致，它将导致驾驶性能不良、排气温度高、无法起动或动力不足等问题。为还原 ECM 内的正确编号，必须用正确的信息进行刷新。通过车载 ECM 可执行该刷新过程。

2. 核实操作上的抱怨

诊断客户问题的第一步是核实其操作上的抱怨。若抱怨的问题不能再现，则需要陪客户一起驾驶以便再现该问题。在某些情况下，客户或许将发动机特有的特点说成问题。一个例子就是发动机工作温度略微升高。若发动机正在执行柴油颗粒过滤器的再生，发动机工作温度稍有升高是正常的。

3. 判断是电气 / 电子还是发动机机械问题

柴油发动机的问题可分为电气 / 电子或机械类问题。电气 / 电子问题是开路、短路、阻抗高和 ECM 程序不正确。发动机机械问题的一些例子是气门弹簧断裂、活塞环磨损、凸轮轴凸轮磨损和喷油器柱塞磨损。确定问题的根源有助于正确诊断。例如，一台起动困难的发动机可能出现压缩压力低。执行机械的压缩压力测试，将确定其原因是否是气缸造成的。另一台起动困难的发动机可能是由于起动转速低。低的起动转速可能是由于蓄电池电缆阻抗高造成的。在发动机正被转动时，测试蓄电池电缆上的电压降，可确定该电缆是否阻抗过高。

4. 根据排气的视觉检查评估发动机机械状况

对没有配备 DPF 的发动机来讲，排气冒烟包含着有价值的诊断信息。白烟可能是喷油正时不正确、燃油供给量 / 燃油压力低或压缩压力低的结果。而黑烟可能是因燃油供给过多或空气输送不足造成的。蓝烟可能是机油进入燃烧室造成的。装有 DPF 的发动机出现冒烟是 DPF 损坏的标志。柴油机颗粒过滤器可能因发动机机油或冷却液的污染、燃油过量或后处理喷射器失效而损坏。

5. 检查和记录故障码、冻结帧和 / 或操作数据；理解实时的发动机数据；下载 / 保存 ECM 数据（影像）；确定下一步的诊断

在一般检查和诊断中，技师应读取并存储故障码。这些故障码应记录在工作单上。如果该故障码目前处于非激活状态，技师应注意第一次出现的和最近出现的故障码，以及它们出现的次数。多次出现可能表明连接松动或线束损坏。激活的故障码应使用制造商提供的故障排除树进行诊断。由技师锁定的发动机实时数据有助于确定某些虽运行在可使用的参数范围内，但又处于非正常状态的传感器。例如，如果一辆货车已有 24h 没有运行，而进气温度传感器指示是 120 ℉，但室外空气温度是 65 ℉，则很可能是传感器的问题。然而，因为 120 ℉会被视为是一个允许的温度，因此该传感器读数将不会设置一个故障码（DTC）。发动机的数据可被保存到一个单独的文件并存储在一个硬盘和 / 或附在电子工单中，以记录诊断和维修的完整过程。

6. 诊断由发动机冷却系统问题引起的性能方面的抱怨

发动机过热、过冷、动力不足和熄火，可能都是由于发动机冷却系统导致的抱怨。冷却系统抱怨的诊断首先应从核实加注到发动机中的冷却液类型和正确加注量开始。冷却液的状态可用冰点计或冷却液测试条进行检查。冷却系统压力可用冷却系统压力测试仪进行检查。冷却系统压力过高的原因包括气缸垫窜气或缸盖裂纹。外部的冷却液泄漏可能是固定螺栓松动、衬垫或 O 形圈不良、衬垫表面变形或部件裂纹等导致。内部冷却液泄漏的原因可能是后冷却器水套（JWAC）、废气再循环（EGR）冷却器、管路 O 形圈、气缸盖裂纹、齿轮驱动式水泵或气缸垫窜气。

7. 诊断由发动机润滑系统问题引起的性能方面的抱怨

发动机润滑系统的故障会损坏轴承、活塞、气缸壁和其他内部部件。与

润滑系统故障相关的性能方面的抱怨包括无法起动、起动后熄火、发动机噪声和颗粒过滤器阻塞。为诊断润滑系统的问题，技师应从检查油底壳中的油位和机油品质开始；机油压力低的主要原因是机油液位低。某些发动机的控制程序在机油油位或机油压力低于一个预定的限值时将关闭发动机。这些状态通常会伴有故障码。若怀疑机油压力低，应在发动机上连接标准仪表。因为安装在货车上的机油压力传感器和仪表更容易失效，许多机油压力低的问题是由机油压力发送单元引起的。使用不正确的机油会导致柴油机颗粒过滤器的再生比正常频繁。因为技师不能现场检测机油以确定它是否正常，必须依赖维修记录。此外，技师可以使用诊断工具进行诊断以确定 ECM 是否频繁地清洁 DPF。

8. 评估进气系统的完好性

空气进气系统包括从空气滤清器入口直到进气门的所有部件。空气进气系统的完好性对发动机的寿命至关重要。该系统应进行彻底的外观检查，特别是应注意进气管路的安装与其他部件干涉的区域。常常是管路的卡箍或穿越进气管的管路会在该管路上慢慢磨出一个小孔。它很难被发现，因为磨出该孔的材料仍附在该管子上面。对技师来讲，重要的是在检查时要移开周围的部件以便查找此种情况。为检查中冷器是否泄漏，技师应对中冷器施压至 25lbf/in^2。然后关闭至测试仪的空气源并观察中冷器的泄压时间。典型的标准值是在 15min 内允许的最大压力降应小于 5lbf/in^2。

9. 评估排气系统的完好性

排气系统必须没有泄漏并牢固安装。从 2007 年起，排气系统不得使用柔性管道。由于其自身的原因，柔性管道将会产生泄漏。若此管道安装在 DPF 前，泄漏的排气会包含高于法律允许的排放。在新型货车上，用 V 形卡箍的排气连接在安装时装有一个垫片。该垫片提供无泄漏连接，以确保发动机不会泄漏未经处理的废气。当该连接被打开时，应更换这个垫片。DPF 应正确安装且所有线束牢固包好。在未经制造商和 EPA 核准的情况下，不允许更改原配置。没有批准的任何配置更改都可能增加尾气排放并且是违反法律的。

10. 倾听并辨别发动机的噪声；确定需要的作业

发动机的噪声可用听诊器或类似装置进行定位。可使用诊断仪中断各气缸的做功进行测试。当某一气缸被中止做功时，若该噪声发生变化，这将清楚地表明与该气缸有关的某些部件极可能是噪声产生的原因。噪声可以是下述任何部件所导致：磨损或调整不当的气门或喷嘴、有故障的喷油器、变形的活塞、磨损的活塞环、磨损的主轴或连杆轴承、松动的飞轮、损坏的谐波平衡器（振动减振器）、背隙过大或过小的齿轮传动机构。随发动机转速变化而产生和消失的噪声通常是谐波平衡器的问题。该平衡器（减振器）可用千（百）分表或测微计进行测量，以帮助确定失效的部件。

11. 诊断由传动机构和轮胎或变更引起的性能方面的抱怨

由传动机构和轮胎问题或变更引起的客户抱怨往往与车速表读数不正确、汽车不能达到最高车速和燃油经济性差等有关。若在发动机 ECM 中输入不正确的轮胎尺寸和 / 或转速，发动机 ECM 将错误调整最高车速和错误计算燃油经济性。若车速表是通过数据总线从 ECM 或车身控制模块（BCM）接收其速度信号的，这个不正确的数据将造成车速表和里程表的读数错误。若安装在汽车上的齿圈和小齿轮的传动比与 ECM 编程的数据不一致，也会发生同样的结果。

12. 诊断由汽车操作和 / 或机械及电子部件配置问题引起的性能方面的抱怨

技师在诊断有关性能方面的问题时，应考虑汽车的工作状态。一个 DPF 若需要比正常更频繁地清洁存储的炭烟，则可能是由于该汽车正工作在某个部件已失效的状况下。轻负荷和主要工作在低速范围的汽车可能无法达到 ECM 为执行 DPF 再生所需要的工况。若 ECM 不能执行该再生，则需要技师定期来激活该再生以便清洁过滤器。这对某些汽车来讲可能是一种正常状况。然而对在正常驾驶循环过程中，且能满足允许再生发生的适合速度和温度状态的线路运输车辆来讲，这是不正常的。

13. 诊断不能转动、可转动但不能起动、起动时间过长和起动后失速问题，并确定需要的作业

发动机不能转动的情况可能是因蓄电池电压低、蓄电池电缆开路和起动机失效而引起的。可转动但无法起动可能是因燃油液位低、燃油系统阻塞、ECM 故障、熔丝熔断、燃油停止装置故障和排气系统严重阻塞而导致的。起动时间过长通常是因燃油回流问题造成的。起动后失速可能是因燃油系统中存在空气、燃油液位低、冷却液液位低和 / 或机油油位低导致的。电子问题可使用电压、电阻和电流表进行诊断。蓄电池状态可使用蓄电池容量测试仪进行检查。燃油系统的问题通常是使用燃油压力表或流量计进行诊断的。

14. 目视检查发动机机舱线束和插接件；检查布线、状况和固定装置是否适当；确定需要的作业

每个诊断应包括发动机机舱部分的全面检查。与电控柴油机故障相关的许多问题是来自电气连接件和线束的磨损或损坏。应检查连接件的针脚是否松旷、连接件锁扣是否缺失或插座是否松动。所有线束应固定可靠并远离热源和运动的部件。安装的硬件应适当拧紧并正确定位，以防止线束或电气连接件上存有不适当的应力。某些制造商准许更换电气连接件中的插脚和插座。而其他制造商则提供新的电气连接件并且带有一段短抽头，以便安装在原线束中。

15. 诊断喘振、运转粗暴、失火、动力不足、加速或减速缓慢以及熄火问题；确定需要的作业

喘振可能是由燃油中的空气或电气信号故障引起的。工作粗暴可能是因喷油器磨损或损坏、燃油中有空气或气缸压缩压力低导致的。加速和减速缓慢可能是因燃油管路阻塞、排气或进气阻塞和燃料中有空气引起的。熄火问题通常是由于燃料供应不足或 ECM 内部编程造成的，当发动机过热、冷却液不足或机油压力低时，ECM 为保护发动机而将其关闭。对这些问题的诊断并确定需要采取的作业，通常是通过使用诊断仪，压力表和真空表，并进行彻底的目视检查来完成的。

16. 确定当前、多个和 / 或重复故障的真正原因

当一辆货车的故障重复出现时，通常是因为其没有得到彻底解决。例如，一辆因气缸垫窜气被维修过多次的货车，其原因可能是气缸体或气缸盖扭曲变形、缸盖螺栓被拉伸、涡轮增压不正确或 ECM 编程错误。技师在修理这些车辆时，发现其故障的根本原因是防止重复维修的关键。

17. 核实维修的有效性并清除故障码（若适用）

在维修完成后，技师必须进行路试或以其他方式操作该车，以确保维修已经解决了最初的问题。

有关涉及重负载的车载故障码（HD OBD）可能在维修后不会立即熄灭故障指示灯（MIL）。从 2010 年开始，显示 HD OBD 的发动机，可能需要多个驾驶循环来熄灭故障指示灯（MIL）。虽然技师已正确维修该车辆，但可能在发动机停止指示灯（SEL）和发动机检查灯（CEL）灯都熄灭时，该 MIL 仍保持点亮。某些制造商的诊断工具准许技师重置 MIL 并清除故障码。

B. 发动机电子控制诊断

1. 检查和测试是否有失火、变更或损坏的发动机控制部件

拆去、篡改或变更任何原始配备的排放控制系统都是不合法的。在诊断过程中，技师需要意识到某些部件可能缺失或变动。有时试图为提高燃油经济性和动力性而拆除废气再循环（EGR）阀和 DPF，同时 ECM 或许被某些人重新刷写以防止此类故障码被设置。

一个全面的目视检查常常会发现护板（block of plates）和 / 或线束断开或损坏的迹象。为进行测试，技师可以使用诊断工具指令 ECM 操作类似 EGR 阀的装置或强制发动机持续使 DPF 再生。如果部件缺失，损坏或被变动，必须更换或修复以符合原始的配备。

2. 检查和记录故障码、冻结帧和 / 或操作数据；理解实时的发动机数据；下载 / 保存 ECM 数据（影像）；确定下一步的诊断

电气系统故障码可使用诊断工具或车上的显示装置读取。所有故障码，不管是激活的还是非激活的，都应记录在车间维修工单上。一个激活的故障码可借助适当的维修资料进行诊断。而对于非激活的故障码不能像处理激活的故障码那样进行诊断，然而，技师有时会碰到高频次出现的非激活的故障码。这可能是连接件松动或其他偶发状态的一种征兆。

大多数发动机的 ECM 可存储故障码被设置时的冻结帧数据。该数据储存了传感器的读数、发动机的参数、ECM 的时间、发动机大多数执行器的工作状态。这些数据告诉技师一些重要的信息，例如当故障出现时（ECM 的时间）发动机的转速和温度。技师可用诊断工具检查发动机的实时数据，以确定 ECM 从传感器接收的，以及由 ECM 向执行器发出指令的所有信息。冻结帧数据可以将创建的 ECM 的映像存储在一个单独文件中。这个映像可以连同工单一起存储，以便有一个完整诊断和修复的历史。

3. 连接汽车 / 发动机诊断工具；进入、核实和更新参数和校准设置；必要时执行更新

ECM 具有可由客户调整（编程）的参数。这些参数需要检查以确保它们被正确设置。例如，一个车队打算帮助驾驶人改善燃油经济性而使用巡航装置（cruise control），则“maximum vehicle speed with cruise（使用巡航时的最大车速）”参数通常比“maximum vehicle speed without cruise（不使用巡航时的最大车速）”稍高几英里 / 时。始终应检查 ECM 是否有最新校准的更新设置。很可能制造商已经发布了一个专门解决工单中所修问题的校准更新文件。在这种情况下，更新校准是合适的维修方案。执行更新时，应遵循诊断工具上的说明。在更新过程中，电源保证无论是对诊断工具，还是对发动机 ECM 来讲都非常关键。在更新过程中，电源故障或设备断开都可能会毁坏发动机 ECM。

4. 确定控制系统的问题是电气 / 电子的还是机械的

为了确定控制系统的故障是电气 / 电子还是机械问题，技师需要遵循故障排除分析树。通过一系列步骤，技师将测试线路线束和控制模块。若通过了电气 / 电子测试，那么问题就在机械部分了。机械故障可能包括 EGR 中冷器失效、EGR 通道阻塞或 DPF 阻塞。电气 / 电子故障包括开路、短路、电磁阀或继电器失效。

5. 使用诊断工具检查和测试发动机电子控制系统、传感器、电子控制模块（ECM）和电路；确定下一步的诊断

诊断工具可用于确定传感器的工作状态，将诊断工具上的传感器值与实

际测量值进行比较。例如，技师可读取诊断工具中冷却液温度传感器读数，同时用红外线测温计检查发动机实际温度。这两个值彼此应非常接近。另一个方法是比较传感器。若一辆货车停放 24h 且没有运转，该车冷却液温度传感器的数据值与进气温度传感器的值应完全一致。若不是，有可能表明传感器、线路线束或 ECM 有故障。执行器的测试通常使用诊断工具的执行器测试模式进行。在技师发出指令时，该模式将命令执行器动作。喷油器嗡嗡声（动作时发出的）的测试是执行器测试的一个例子。若一个喷油器在测试中不动作，技师应测试线路线束或是测量喷油器电磁阀的阻抗来继续进行诊断。

6. 测试和证实诊断工具未显示的电气 / 电子电路

许多影响柴油机运转的电路不会被显示在诊断工具上。一些例子是起动和充电系统。起动系统可能会因蓄电池电量不足、线路或电缆电阻高或起动机故障而导致无法起动或起动困难的状况。使用电压表和蓄电池测试仪检查该系统。充电系统的故障可能导致发动机熄火或运转粗暴。如果充电系统不充电，喷油器可能无法获得维持其正常工作的足够电压，这将造成发动机运转粗暴。此外，如果蓄电池电压低于预定水平，ECM 可能因其编写的程序而关闭发动机，作为保护以防止过大的电流通过 ECM。充电系统中的一个二极管开路可以造成交流电压通过车辆的电气系统。这个电压可能会导致发动机运行不稳定。充电系统可使用电压表、示波器和负载测试仪进行检查。

7. 诊断由关联系统（例如：巡航控制、安全警报 / 防盗、变速器控制、电子稳定性控制以及非 OEM 安装的附件等）导致的发动机问题

汽车上许多电气系统是相互联系的，通常是通过汽车的数据总线相互通信。一个系统的故障会导致其他系统工作不正常。客户可能抱怨发动机制动不能正常工作。这可能是因发动机制动电路或发动机 ECM 的故障所导致的，也可能是防抱死制动系统（ABS）引起的。当 ABS 识别到一端车轮打滑，此时该侧轮速传感器检测到此车轮的减速快于其他车轮，ABS 控制模块将通过数据总线向发动机 ECM 发送一个指令来中止发动机制动。因此，一个发送错误信号的轮速传感器或 ABS 控制器误解该信号，可能导致一个看起来完全无关的故障。这种故障的类型可能不会设置故障码，因为车轮端打滑是正常发生的事件，因此不会被识别为一个系统的故障。有效的故障排除方法是从数据总线上取下该控制器来确定该问题是否消失。某些发动机的 ECM 可暂时忽略所有输入的数据总线信息以便执行此类的故障排除方式。

8. 测量和理解用数字万用表（DMM）或适当测试设备获取的电压、电压降、电流和电阻读数

电压检查帮助技师确定有效电压。虽然可以断开电路测量有效电压，但

在电路连接和部件处于工作状态时，检查对负载的有效电压才是更准确的。这将表明在负载前的电压是否降低。电压降是将电压表跨接在正处于工作的电路两端来进行测量的。通常情况下，电压降不应超过 0.5V。在不工作的电路上不能进行电压降测试。电阻的测量是使用电阻表。被测试的电路或设备必须断电并断开。可以使用一个电流钳或将电流表串联在被测电路中以确定电流。高阻抗的电路会导致低电流，但这只能当该电路工作时才能被确定。

9. 检查、维修 / 更换电气插接件端口、插脚、线束、密封和锁扣

汽车上有各种类型的连接件和端口。某些是推入落座的，某些是拉入落座的，其中某些端子是不可拆下的，只能更换整个插接件。无论何种类型，其电气端口和插脚之间的配合在使用中可能会松动。技师应将一个新的插接件插入该在用的插接件来检查其插脚的配合。其配合应是紧密的，若感到松动应更换该插接件。也应检查端口，以确保它们被安全地固定在插接件本体内。若插接件内的定位凸缘断裂，在插接件的两部分插接时，会使端子从插接件本体的背面滑出。线束应安装牢固且远离旋转或移动的部件。密封件应安装到位，不得硬化或撕裂。密封失效将使水分进入插接件，造成连接部位的腐蚀，并最终变成高电阻的电路。锁扣应安装到位和牢固。通常，在技师为排除故障而断开线束插接件时常常会损坏锁扣。若锁扣损坏，必须更换以防止因在工作过程中线束插接件松动而引起的电路故障。

10. 确定当前、多个和 / 或重复故障的真正原因

绝大多数重复发生的故障都是因其根本原因没有得到纠正。在发动机电控系统中，重复发生的故障通常会重复出现一个故障码（DTC）。例如，发动机可能会显示一个与可变几何涡轮增压器（VGT）有关的故障码。技师或许将该问题诊断为 VGT 执行器失效，因为当技师测试 VGT 内的摆动臂和摆动叶片时，它们可自由移动。然而，如果最初的问题是在发动机达到正常工作温度后发生的，则在达到热态时，摆动叶片开始卡滞。若在不同的工况下执行的测试都通过，该 VGT 执行器或许不必要更换。

11. 核实维修的有效性并清除故障码（若适用）

在维修完成后，技师必须检查最初的问题已不再存在，且没有出现新的问题。通常来讲，路试有助于核实该维修的有效性。在路试过程中，技师应在各种负荷工况下操作汽车，确保其操作状态与最初问题发生的状态相同。

路试后，技师应连接诊断工具检查是否有故障码以及重新观看实时数据流，以确保传感器和执行器的数据值在正常工作参数范围内。

C. 进气和排气系统诊断

1. 执行进气系统的节流、压力和泄漏测试，确定需要的作业

使用校准过的压力计或电子真空表对进气系统进行节流测试，以读取其压力值。该测试需要在发动机最大负荷下进行。最大的正常进气节流允许值是 25inH_2O（英寸水柱）。

应使用 0~75lbf/in^2 的压力表对进气系统进行压力检查。应分别在增压中冷器前后检查该压力。各种发动机的增压压力标准会有相当大的不同，因此应核实各制造商给出的规范。为进行增压压力的测试，发动机必须工作在最大负荷工况。

增压中冷器可使用中冷器测试套件对泄漏进行检查。该套件安装在增压中冷器的空气进口和出口，并允许技师对中冷器最大施压到 25lbf/in^2。当使用车间压缩空气使中冷器的压力达到规定的空气压力时，关闭空气源。然后技师测量该空气泄漏需要的时间。正常的标准值是在 15s 内最多为 5lbf/in^2。

2. 检查、测试和更换进气温度和压力传感器

必须检查空气温度传感器的准确性。将诊断工具中进气温度的读数与用红外线温度计的测量值进行比较，这是很容易做到的。这两个数值应非常接近。若汽车停放一整夜，技师可连接诊断工具，将该温度读数与环境空气温度，以及安装在发动机上的冷却液温度传感器读数进行比较。所有的温度传感器应报告大约相同的温度。若不是，报告不同温度的传感器应被怀疑。

压力传感器应使用诊断工具在点火开关打开、发动机熄火状态下进行检查。此时该传感器应报告 0.0lbf/in^2 的表读数（相对压力）或大约 14.7lbf/in^2 的绝对压力值。若传感器通过此测试，技师可用压力 / 真空枪向该传感器提供大约 20lbf/in^2 的压力，并将此值与诊断工具上的读数进行比较。

3. 检查和测试涡轮增压器（含可变比例 / 几何角度）、气动、液压、电子控制、执行器和传感器。检查、测试和更换废气门及废气门控制部件

应检查涡轮增压器润滑系统的连接部分、排气和进气的连接部分是否有泄漏。用千分（百分）表来检查涡轮增压器轴是否有轴向和径向的窜动。可用手动方式进行转动状况的测试，当推或拉动增压器轴时，技师可确定是否有致使涡轮或泵轮与壳体接触的过大间隙。若是，必须更换该涡轮增压器。更细致的检查包括使用千分表进行测量，并将实际位移与制造商的规范进行比对。

可变几何尺寸的涡轮增压器（VGT）有一个滑动环或摆动叶片，它控制排气的出口截面。这些运动的部件更易于磨损且有可能卡滞。技师可使用诊断工具指令 VGT 的执行器使该环或叶片在其整个运动范围移动。若该部件运

动受阻，ECM 将设置一个故障码。某些制造商建议拆下涡轮增压器的排气室并清洁 VGT 部件。VGT 的执行器可以是空气、液压或电子控制的。空气和液压控制的执行器必须检查是否泄漏或流动受阻。电子执行器可以是一个简单的执行器，或是一个在 J1939 专用数据总线上通信的智能装置。

废气门安装在排气涡轮壳体上。它们可使部分排气旁通涡轮增压器的涡轮以控制涡轮增压器的增压压力。若废气门被卡滞在关闭位置会造成过度增压，而当卡滞在打开位置则会导致增压不足。废气门的控制系统可以是机械的或是电子的。应检查该控制系统是否有松动、泄漏或管路受阻。涡轮增压器增压过大会导致涡轮增压器和发动机的过早损坏。

有故障的涡轮增压器会使大量的机油流入进气或排气系统。若出现这种情况，技师需要清洁中冷器和 / 或柴油氧化型催化器（DOC）和 DPF。

4. 执行排气背压和温度测试（若适用）；确定需要的作业

在发动机全负荷状态下用水银压力计检查排气背压。在较老式的发动机上，通常认为约 3inHg 的压力标准是排气背压的最大允许值。后期带有 DOC/DPF 的发动机在排气系统中装有压力传感器，技师可使用诊断工具测量该压力值。对于配备 DOC/DPF 的发动机来讲，其排气背压的标准值变化非常宽泛，所以必须查阅维修资料。高的排气背压通常是由排气阻塞造成的。褶皱的管路或消声器会阻碍排气。排气系统中 DOC/DPF 被阻塞可能是因 ECM 在需要时没有进行再生或是因大量污染物进入排气，如燃油或机油造成的。DOC/DPF 可拆下来，使用专门为清洁它们而设计的机器进行处理。

排气温度是发动机状态的一个表征。低的排气温度表明发动机得到的燃油不足。排气温度高可能是由于排气受阻或发动机喷油过多。带有 DOC/DPF 的发动机都有安装在排气流中的温度传感器，因此可使用诊断工具进行监测。在 DPF 再生故障中，可检测这些温度传感器以帮助判定 DOC 和 DPF 的状态。

5. 检查和测试预热器 / 空气入口加热器和 / 或预热塞系统及其控制

某些柴油发动机在进气系统中装有电子控制的格栅状预热器。该预热器在发动机冷态时由 ECM 接通，以帮助起动并在发动机暖机过程中协助限制炭烟。某些发动机还使用预热塞系统加热燃烧室以得到同样的效果。只有少数发动机同时使用这两个系统。

可使用电流钳测量其工作时的电流来检查这些加热器的工作是否正常。由于各种发动机的电流标准是不同的，应查阅被测发动机的具体标准。通常来讲，每个预热塞将消耗约 10A 电流，而一个空气入口的加热器将消耗约 80A 电流。这些装置的故障大多数是失效与开路，因此有故障的加热器或预热塞通常是没有电流消耗。技师也可以使用电阻表测量其加热器件的阻抗。第三个测试方法是使用试灯，将试灯的鳄鱼夹子连接在蓄电池的正极桩上，将试灯顶端连接在预热塞的正极端子上。由于预热塞已接地，此时若试灯点亮，说明其是起作用的。

该控制系统通常是由 ECM 控制的。ECM 根据安装在发动机上的温度传感器来确定合适的接通（On）时间。温度传感器失效或数值漂移会导致该系统维持某一状态的时间过长或不足。在测试中，可借助诊断工具指令预热塞或空气入口加热器处于接通状态。

6. 检查和测试后处理系统后的废气；核实再生装置的工作。必要时，更换后处理系统的机械和电子部件

应检查排气后处理系统是否有安装松动和排气泄漏的迹象。其线路线束应安装牢固并远离排气部件。其管路应紧固并避免磨损或切割。其再生过程可用安装在仪表台上的开关或诊断工具执行静态再生来进行测试。当执行静态再生时，排气系统和废气排出的尾管将非常热，所以必须完全遵守制造商给出的安全防范措施。某些后处理系统被制造成分开式的，其单独的部分可进行更换。这些系统通常是用 V 形卡箍组装并在这些部件之间有密封件。技师在维修这些单元时，必须更换其密封件，并按照正确规范拧紧 V 形卡箍。在更换电子部件时，线路线束和插接器应牢固定位并远离热源；必须遵照所有力矩规定。在完成对该系统的任何维修后，应进行路试并用诊断工具进行检查以确认该系统工作正常。

7. 检查和测试 EGR 系统部件，包括 EGR 阀、中冷器、管路、控制和线路

EGR 阀可用诊断工具进行测试。技师可指令 EGR 阀动作并观察 EGR 阀位置传感器以便监视对该指令的响应。EGR 阀易于卡滞并被积炭阻塞。某些制造商提供清洁 EGR 阀及其通道的信息。当 EGR 系统失效时，技师可清洁 EGR 阀使其恢复正常。因为 EGR 中冷器会泄漏排气或冷却液，所以应检查其是否泄漏。通常冷却液泄漏会使其进入进气系统。这些泄漏是在内部，通常可拆下中冷器下游的进气系统部件进行检查并确定其泄漏位置。已泄漏的 EGR 中冷器通常是被更换而不是维修。

8. 检查和测试 EGR 流量控制阀系统及控制

某些 EGR 系统在进气系统中包含一个蝶形阀。当发动机工作在需要 EGR 流量的工况时，ECM 会部分关闭该蝶形阀以限制进入的新鲜空气流量。这种限制有助于建立一个低压区域，它增加了废气进入进气歧管的流量。这些系统通常都可用诊断工具指令其动作，来检查其是否能正常响应。在发动机运转时，ECM 根据进气和排气系统的压力传感器来决定该蝶形阀什么时间需要工作。

9. 检查和测试可变气门执行器系统和控制

某些发动机制造商使用可变气门执行器来帮助控制发动机进气门的工作，从而增强燃烧室内的空气流动和减少排放。这些执行器使用发动机机油压力在特定运转工况下改变进气门的正时。诊断工具可用于核实可变气门执行器

的工作是否正常。

10. 检查和测试曲轴箱通风系统部件

EPA 现在包含了来自曲轴箱通风系统的曲轴箱排放，它被视为发动机产生的总排放的一部分。大多数制造商现在采用曲轴箱过滤器来分离从通风管路排出的来自曲轴箱的机油蒸气。当曲轴箱内的空气离开通风管路时，这些机油蒸气被返回至曲轴箱。该系统用一个监测压力的曲轴箱压力传感器来反映该过滤器是否被阻塞。应当注意的是，作为诊断一台发动机是否磨损的辅助方法来讲，使用该传感器来测量曲轴箱的压力不是一种被推荐的方法。曲轴箱通风系统可用诊断工具进行测试。从该传感器获得的读数可与用测量仪器测得的曲轴箱压力读数进行比较。

11. 确定当前、多个和 / 或重复故障的真正原因

进气系统故障的根本原因常常可以追溯到燃油供给不正确，因此需要对燃料供给系统进行彻底的检查。功率不足、涡轮增压器增压压力低和烟雾都可能是由燃油供给量和 / 或燃油压力低导致的故障。喷油量过大和 / 或喷油器被卡滞在打开位置会导致炭烟、排气温度高，以及 DOC/DPF 损坏。此外，引发机油进入排气流的涡轮增压器故障是 DOC/DPF 堵塞故障的常见原因。

12. 核实维修的有效性并清除故障码（若适用）

在维修进气和排气系统后，技师应进行路试以核实最初的问题已被修复且在修复后没有新的问题出现。若有可能，该路试应在有负荷工况下进行。在将车辆归还给客户前，必须诊断和修复在路试中出现的任何新的故障码。

D. 燃油系统诊断

1. 判定燃油系统的问题是电气 / 电子还是机械问题

燃油系统应没有泄漏且加注高品质的新的柴油。从 2007 年起，所有高速公路车辆使用的柴油，都要求是超低硫含量的柴油（USLD）。USLD 的硫的质量分数必须低于 15×10^{-6}。使用非 USLD 柴油是违法的，且会造成 DPF 的早期失效。为确定燃油系统的问题是机械还是电子故障，技师可进行喷油器的驱动测试。若在该测试中，喷油器没有发出喀哒声，则问题是电子的。若喷油器发出喀哒声，则问题是机械故障。可能是喷油器内或气缸内的机械问题，例如气缸压缩压力低。

2. 检查燃油系统是否有空气；确定必要的维修；准备并对燃油系统排气

燃油系统中是否存有空气可用各种方法进行检查。技师可在燃油泵前面

的燃油系统吸油一侧安装一个液体观测器或一段透明管。安装后运转发动机，技师可观察进油中是否伴有移动的空气。将回油管浸入一个装有燃油的容器中，起动发动机，观察回油流中是否有气泡出现，这是另一个有用的测试方法。但应注意，在后一个测试中若出现气泡，可能是由于燃油系统的吸油一侧泄漏，或喷油器有故障，致使燃烧室中的气体进入燃油系统。

3. 检查和测试燃油供给系统的压力、节流和回油率；检查燃油是否被污染；确定必要的维修

应在发动机有负荷状况下检查燃油供给系统的压力和流动速率。在发动机处于怠速或小负荷情况下，燃油系统或许能够提供足够的燃油压力和流量，但当燃油需求量高时，例如发动机处于全负荷时，将不能满足要求。为了帮助测试这种情况，一些制造商已经开发了一种包含校准用量孔的工具，用来模拟有负荷下的发动机工作状态。当使用这类工具时，技师必须严格遵照使用指南。若没有在合适的位置使用正确的节流量孔，或没有按照规定的时长执行该测试，将会给出不准确的结果并导致不正确的诊断。从汽车燃油箱或燃油供给系统抽取燃油样品可检查燃油是否被污染。该燃油样品可能需要静置几分钟，从而使污染物沉降，以便能够做出正确的结论。将粘有糨糊的杆插入燃料中，以检查燃油箱中是否有水存在。如果燃油中有水存在，糨糊将改变颜色。另一个要关注的是有故障的燃油系统会使发动机机油进入燃油，暗黑色的燃油表明存在这种情况。

在某些系统上需要检查燃油的回油率。为检查燃油的回油率，将回油管放入一个有刻度的容器中，按照规定的时长，以正确转速运转发动机。燃油回油率过低表明燃油供给系统被节流。对某些燃油系统来讲，燃油回油率过大则表明喷油器有故障。

4. 检查和调整；维修 / 更换电子节气门和取力装置（PTO-Power Take-Off）控制部件、电路和传感器

加速踏板位置（APP）传感器一般是电位计或霍尔效应（Hall Effect）类型的传感器。它们向 ECM 发送单个或多个信号。多信号类型的传感器使用冗余信号作为参照的安全措施。电位计类型的传感器可用诊断工具和 / 或电阻表来进行测试。霍尔效应类型的传感器一般都使用诊断工具进行测试。当电子节气门的传感器和电路有故障时，通常都会使发动机仅能运转在怠速状态。

取力装置（PTO）速度控制电路常常是多个开关，它向 ECM 发送一个信号。ECM 将发动机的转速提高到可调整数据菜单中的设置值。要进入改变 PTO 设置速度菜单可能需要制造商的密码。

5. 检查、测试和更换高压共轨（HPCR）燃油系统电子和机械部件

高压共轨燃油系统（HPCR）使用一个机械驱动的油泵以建立超过 20000lbf/in^2 的燃油压力。这种高压油泵通常采用两到三个柱塞和进油计量的

设计。ECM 感知共轨中的压力，并通过调整进入高压油泵的燃油量来控制共轨中的油压。为诊断该系统，技师可使用诊断工具监视要求的燃油压力、实际燃油压力，以及至燃油计量阀的信号指令。共轨中的高压安全阀在过压的情况下释放系统压力。ECM 使喷油器通电以使燃料流经喷油器体并进入燃烧室。尽管连接高压共轨到喷油器的燃油管路类似于老式的泵喷嘴（PLN）燃油系统，但不能采用松开高压油管的方法来帮助判别失火的气缸。要逐个停用这种系统上的所有气缸必须使用诊断工具。当更换这种系统上的部件时，清洁极为重要。由于共轨系统的喷油器是由电磁阀控制的，也不需要凸轮轴和 / 或摇臂来建立高压，在安装后不需要调整。

6. 检查、测试和更换液压驱动的电子泵喷嘴（HEUI）燃油系统的电子和机械部件

HEUI 燃油系统使用高压机油来驱动喷油器。该压力用高压机油泵产生，高压机油泵接收来自发动机润滑系统机油泵的机油。ECM 通过一个脉宽调制（PWM）的电磁阀控制高压机油泵。技师可使用诊断工具监视要求的高压机油压力、实际的高压机油压力和 PWM 控制阀上的脉冲宽度或控制电路的电流。HEUI 燃油系统的燃油泵可向喷油器提供大约 100lbf/in^2 压力的柴油。在这种燃油系统中，机油与燃油混合是不常见的，通常是因喷油器或其 O 形圈失效引起的。可使用诊断工具并利用喷油器工作时的嗡嗡声或喀哒声来测试喷油器。当在机油控制回路上进行高压油泵系统的测试时，可指令该泵以不同的高压设置工作，同时监视维持其高压所需的控制阀脉冲宽度。

当更换 HEUI 的喷油器和某些其他类型的喷油器时，有时被建议将已使用过的压紧螺栓更换为新的。应始终遵照维修信息。HEUI 喷油器在安装后不需要调整。

7. 检查、测试和更换电子泵喷嘴（EUI）燃油系统的电子和机械部件

电子泵喷嘴（EUI）燃油系统使用凸轮轴驱动的泵喷嘴来建立喷射所需要的高压。来自机械输油泵的燃油以约 80lbf/in^2 的压力提供给喷油器。ECM 利用供给电磁阀的电压来控制该喷油器。该电磁阀控制喷油器中的燃油流量。喷油器的电磁阀可使用诊断工具或电阻表进行测试。诊断工具可以执行气缸做功一致性的测试。当更换喷油器时，需要进行调整。某些制造商要求使用一个专用的高度工具来进行这种调整。

8. 确定当前、多个和 / 或重复故障的真正原因

燃油系统多个或多次重复的故障通常是由劣质燃油引起的。清洁的燃油对燃油系统部件的寿命至关重要。当重复的故障发生时，技师应检查燃油供给系统是否安装了不正确的、失效的燃油滤清器或安装不当。如果一个车队在多辆汽车上发现重复的故障，应检查该车队的燃油供应系统是否被污染。

还应检验车队的燃油处理程序。

9. 核实维修的有效性并清除故障码（若适用）

在对燃油系统的维修完成后，技师必须确认最初的问题已不再存在，且没有出现新的问题。通常来讲，路试将核实该维修的有效性。在路试过程中，技师应在各种负荷工况下操作汽车，确保目前的操作状态与最初问题发生的状态相同。路试后，技师应连接扫描工具检查故障码并观察实时数据流，以验证喷油器的脉冲宽度和/或一致性是否均衡。喷油器一致性的不均衡表明可能安装程序不正确、某个气缸压缩压力低，或输入的喷油器代码不正确。

综合汽车

1）在你阅读完整个任务列表后，你会注意到被确定的工作技能是专注于诊断能力，而不是维修。开发 L2 测试的专家组已经确定了有关驾驶性能诊断的三个重要的普遍特征。

2）数据是使用各种测试设备从汽车上获取的，并与来自维修手册的已知的数据值进行比对。

3）优秀的技师可根据公开的数据和自己对汽车燃油、点火和排放控制系统之间联系的理解勾画出有效的结论。

ASE 专家组已经开发了一个“综合汽车”的发动机控制系统，其说明在“综合汽车准备/注册”的小册子中。当你为测试进行注册时将会收到此小册子。该信息被包括在这本小册子中，以便你能马上熟悉整个过程。

“综合汽车”采用被许多本地和进口车制造商使用的“质量空气流量”式燃油喷射系统设计。该系统使用的传感器、执行器和控制策略必定与你在自己工厂所见过的相类似。当你按照综合汽车回答问题时，你可仿照你在现实工作中使用参考材料和测试设备的经验，根据你对特定的发动机管理系统的理解来进行诊断。

下述综合汽车的信息由 ASE（汽车优秀维修技师）的国家协会 - 圣智学习(Delmar) 公司提供。应感谢 ASE 提供这些内容用于学习指导。

这本小册子仅供准备和参加 ASE 电子柴油发动机诊断专家（L2）测试时参考。该中型/重型综合汽车的控制系统是基于许多发动机和汽车制造商共有的设计，但不同于任何实际发动机或车辆产品。

中型/重型综合汽车信息

一般描述

这台作为范型的直列六缸柴油发动机配备了可变几何形状涡轮增压器（VGT）、增压空气中冷器（CAC）、电子泵喷嘴（EUI）、闭式曲轴箱通风、废气再循环（EGR）和排气后处理系统。该发动机的额定功率是 400hp（1800r/min），最大转矩是 1450lbf · ft（1200r/min）。

电子控制模块（ECM）

电子控制模块是一个微处理器，它接收来自传感器和开关的信号，并被校准以控制燃油计量、喷油正时、诊断和发动机保护。ECM 从蓄电池和点火开关获得电源，并为某些传感器提供参考电压。包含在 ECM 中的软件决定柴油机电子控制系统如何工作。ECM 存储的标定数据决定了发动机的额定功率、转矩曲线和转速等技术参数。发动机的 ECM 通过 SAE J1939 数据传输线路（控制器局域网络 -CAN）与汽车上其他系统的控制模块进行通信。ECM 安装在发动机上。

燃油系统

该发动机规定使用超低硫含量（ULSD）的柴油。燃料供应（传输）由一个机械驱动的正排量燃油泵提供。安装在气缸盖出油口通道上的弹簧控制的调节阀用于保持燃油压力。供油量是由电子控制的泵喷嘴提供的。该喷油器电磁阀由 ECM 控制。

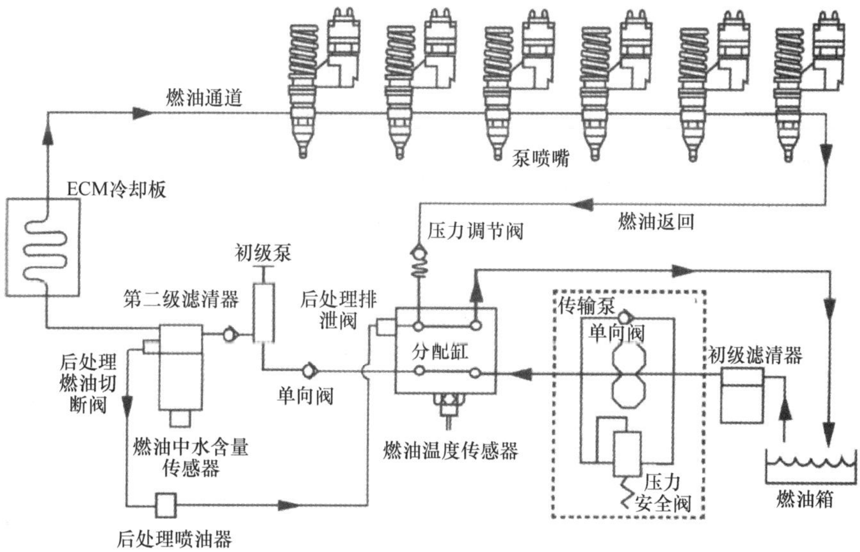

发动机保护系统

发动机保护系统监测冷却液温度、冷却液液位、机油温度、进气歧管温度、机油压力、燃油温度、EGR 废气温度和柴油颗粒过滤器（DPF）的阻塞状况。该系统有三个等级的保护：警告、降低额定值和停机。

在警告模式下，黄色的检查发动机灯（CEL）警告操作者有可能存在的问题。在降低额定值模式下（跛行回家），ECM 在点亮红色的关闭发动机灯

（SEL）后逐步减小发动机的输出功率。在最初警告 30s 后开始降低功率。该停机模式将用 SEL 闪烁来表明，它仅由发动机冷却液温度、冷却液液位、发动机机油压力或发动机机油温度的故障来激活。在警告和功率减小模式已被激活，且状态达到停机的预设值后才会进入停机模式。发动机保护的取消开关可暂时延迟该停机模式。

● 发动机冷却液温度高

ECM 将在 205 ℉时打开发动机冷却风扇。

发动机冷却液温度 / °F	功率降低 / 关闭
225	降低 20%
230	降低 40%
235	降低 60%
240	关闭发动机

● 燃油温度高

当燃油温度达到 180 ℉时，功率开始降低 20%。若该温度保持在高的状态，降低程度会增加到 40%。

● 进气歧管温度

ECM 将在 190 ℉时打开冷却风扇。当歧管温度达到 210 ℉时，功率开始降低 20%。若该温度保持在高的状态，降低程度会增加到 40%。

● EGR 废气温度高

当 EGR 废气温度达到 525 ℉时，功率开始降低 20%。当温度达到 560 ℉时，CEL 点亮且功率降低增加到 40%。当该温度较低后，SEL 将不点亮且发动机恢复到全功率状况。

● 发动机冷却液液位低

在最初警告后，若冷却液的液位仍保持较低，将出现停机状态。

● 发动机机油压力低

功率降低 / 停机的设置点取决于机油压力和发动机转速之间的关系。若机油压力降至低于规定值，将开始降低功率，若机油压力持续降低，将出现停机。

发动机转速 /（r/min）	发动机机油压力 /（lbf/in^2）	
	开始降低功率	停机
2000	40	20
1800	35	17
1400	25	12
1000	15	8
600	5	2

● 发动机机油温度高

ECM 在 245 ℉时打开发动机冷却风扇。当机油温度达到 260 ℉时功率开始降低 40%。若该温度仍保持较高，2min 后将出现停机。

- 柴油颗粒过滤器节流（阻力）高

当 DPF 的节流达到全炭烟负荷（等级 3）时，CEL 被点亮并开始降低 40% 功率。当节流超过全炭烟负荷（等级 4）时，SEL 被点亮且功率降低增加到 80%。DPF 严重阻塞可能会导致发动机停机。

传感器

加速踏板位置传感器（APP）

该 APP 传感器包含两个感知加速踏板位置的电位计。一个参考电压被送至每个电位计，当加速踏板改变其角度时，APP 改变送到 ECM 的信号电压。为了进行诊断,ECM 比较这两个 APP 电位计的电压。若一个或两个信号丢失，发动机将只能工作在怠速工况。

发动机机油压力传感器（EOP）

可变电容式 EOP 传感器监测发动机机油压力，它安装在机油主油道中。此信号被用于 ECM 对发动机的保护和仪表板上的机油压力表显示。

进气歧管压力传感器（IMP）

该可变电容式 IMP 传感器监测进气歧管的压力，它被安装在进气歧管上。ECM 根据此信号来控制燃油计量、喷油正时，以及涡轮增压器。

进气歧管温度传感器（IMT）

该热敏式 IMT 传感器监测进气歧管中空气的温度。ECM 根据此信号控制燃油计量、喷油正时、EGR 工作、发动机保护和冷却风扇的工作。

大气压力传感器（BARO）

该可变电容式 BARO 传感器监测环境的大气压力。ECM 根据此信号和海拔调整喷油正时和燃油计量。

发动机冷却液温度传感器（ECT）

该热敏式 ECT 传感器监测冷却液温度，它被安装在发动机缸体的水套中。此信号被 ECM 用于控制燃油管理、保护发动机、冷却风扇工作、仪表板温度表显示和 DPF 的再生。

冷却液液位传感器（CLS）

该 CL 传感器监测散热器平衡罐中冷却液的液位。当冷却液未被检测到时，此信号被 ECM 用于发动机保护。

燃油温度传感器（FTS）

该热敏式 FT 传感器监测燃油温度，它被安装在燃油分配缸中。ECM 根据此信号调整计算的燃油测量值以补偿燃油温度带来的变化和用于发动机的保护。

发动机机油温度传感器（EOT）

该热敏式 EOT 传感器监测发动机机油温度，它被安装在机油主油道中。该信号被 ECM 用于发动机的保护。

进气温度传感器（IAT）

该热敏式 IAT 传感器监测增压器前面进气管路中空气的温度。ECM 将此信号用于燃油管理。

发动机位置传感器 1（EPS1）

该霍尔效应式 EPS1 产生一个频率随发动机凸轮轴转速变化的数字信号。ECM 根据该信号的频率和脉冲宽度来确定凸轮轴的位置，以便对燃油和喷油正时进行控制。在 EPS2（曲轴）信号出现故障的情况下，ECM 使用此信号计算发动机的转速。若 EPS1（凸轮轴）信号出现故障，发动机将被停机。EPS1 被定位在发动机前罩盖中，并面对安装在凸轮轴齿轮上的触发轮 / 靶轮。

发动机位置传感器 2（EPS2）

该霍尔效应式 EPS2 产生一个频率随发动机曲轴转速变化的数字信号。ECM 根据该信号的频率来确定发动机的转速，以便对燃油和喷油正时进行控制。从起动开始，ECM 就需要 EPS1 和 EPS2 的输入信号。EPS2 被定位在后飞轮壳体中并面对安装在曲轴上的触发轮 / 靶轮。

排气背压传感器（EBP）

该可变电容式 EBP 传感器监测来自于排气歧管连接管道中的压力。ECM 根据此信号控制 EGR 阀和可变几何参数涡轮增压器的工作。

曲轴箱压力传感器（CPS）

该可变电容式 CP 传感器监测发动机曲轴箱中的压力。ECM 根据此信号验证闭式曲轴箱通风系统和滤清器的状况。

燃油含水量传感器（WIF）

燃油含水量传感器监测初级燃油滤清器壳内底部是否有水分存在。当水平面覆盖传感器的探头时，参考电压电路被接通。ECM 根据此信号点亮仪表板上的黄色 WIF 警告灯以向操作者发出报警。

EGR 排气温度传感器（EGRT）

该热敏式 EGRT 传感器监测 EGR 中冷器出口中排气的温度。ECM 将此信号用于排放管理和发动机保护。

EGR 压差传感器（EGR Delta P）

该可变电容式 EGR Delta P 传感器有两个接口，它们监测 EGR 压差量孔两端的排气压力。这两个接口分别位于 EGR 文氏管的两侧。ECM 使用此压力降信号和 EGR 温度信号来计算进入进气歧管的 EGR 流量。ECM 指令 EGR 阀和 VGT 执行器的位置以控制进入发动机的废气流量。

EGR 位置传感器（EGRP）

该三线固定电位计式 EGRP 传感器监测 EGR 阀的位置。为了进行排放控制和诊断，ECM 使用此信号来验证 EGR 阀和电动机的动作是否正确。

环境空气温度传感器（AT）

该热敏式 AT 传感器监测外界（环境）的空气温度，它被安装在货车的驾驶室上。该信号通过 J1939 数据传输线路（CAN）从车身控制模块（BCM）发送给 ECM。该信号被 ECM 用于怠速停机的操作。

后处理燃油压力传感器（AFP）

该可变电容式 AFP 传感器监测后处理系统中的燃油压力。ECM 在控制再生过程中后处理喷油器工作时使用此信号。若检测到该燃油压力出现故障，将停用已激活的静态再生。

后处理柴油氧化型催化器入口温度传感器（EGT1）

该热敏电阻式后处理柴油氧化型催化器（DOC）入口温度传感器，监测进入 DOC 的排气温度。ECM 根据此信号控制 EGR 和 VGT 执行器的位置，以及 DPF 再生过程中后处理喷油器。

后处理柴油颗粒过滤器入口温度传感器（EGT2）

该热敏电阻式后处理柴油颗粒过滤器（DPF）入口温度传感器，监测进入 DPF 的排气温度。ECM 在决定 EGR 和 VGT 执行器的位置，以及 DPF 再生过程中控制后处理喷油器时使用此信号。

后处理柴油颗粒过滤器出口温度传感器（EGT3）

该热敏电阻式后处理柴油颗粒过滤器（DPF）出口温度传感器，监测 DPF 出口的排气温度。ECM 在决定 EGR 和 VGT 执行器的位置，以及 DPF 再生过程中后控制处理喷油器时使用此信号。

后处理柴油颗粒过滤器压差传感器（DPF Delta P）

该可变电容式 DPF 排气压力传感器有两个接口，它们监测柴油颗粒过滤器压差量孔两端的排气压力。这两个接口分别位于 DPF 的两侧。ECM 使用此压力降信号来计算 DPF 节流的程度。根据 DPF 节流的程度，ECM 将按照下述顺序点亮警告灯：

- 等级 1- 低炭烟负荷。DPF 状态指示灯被点亮。
- 等级 2- 中等炭烟负荷。DPF 状态指示灯闪烁。
- 等级 3- 全炭烟负荷。DPF 状态指示灯闪烁，同时黄色 CEL 被点亮。
- 等级 4- 超过全炭烟负荷。DPF 状态指示灯闪烁，同时红色 SEL 被点亮。

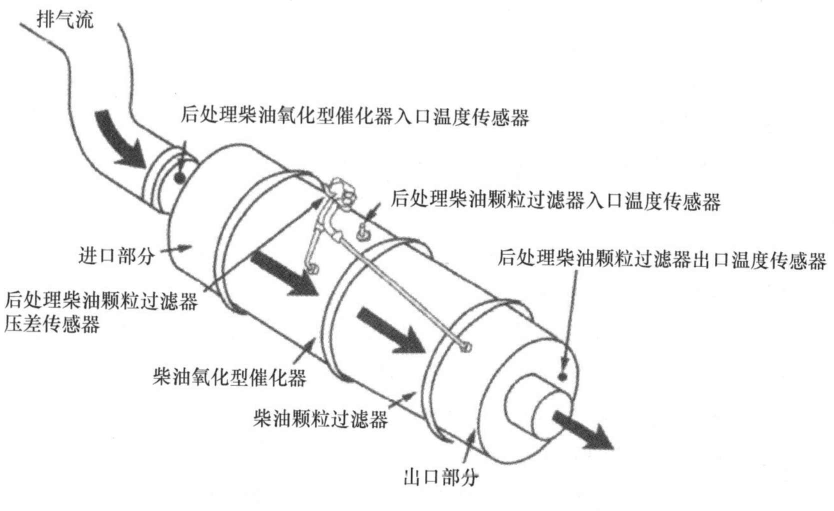

开关

发动机冷却风扇手动开关

这是一个常开型开关，当被操作者闭合时，它要求 ECM 断开发动机冷却风扇电磁阀的供电，这将使发动机冷却风扇连续运转。

诊断 ON/OFF 开关

这是一个常开型的短时开关，当被按下（闭合）并松开时，它要求 ECM 进入诊断模式。此时，黄色的检查发动机灯（CEL）将变为 ON，并闪烁发出非激活的故障码；同时，红色的关闭发动机灯（SEL）变为 ON，并闪烁发出激活的故障码。若上述两个指示灯短暂点亮接着熄灭，则表示没有故障码存在。

空调高压开关

这是一个常闭型压力开关，它在空调高压侧压力达到预定值时打开。这示意 ECM 运转发动机冷却风扇。

巡航 ON/OFF 开关

当操作者将这个常开型开关闭合后，将使巡航控制能够工作。

巡航 Set（设置）/Resume（恢复）开关

该开关有两个短时位置：SET/COAST 和 RESUNME/ACCELERATE。汽车的巡航车速可按 SET/COAST 进行设置，只要车速被设置过，但又使用制动或离合器将其停用后，此时按压 RESUME/ACCELERATE 开关，ECM 将返回至原先设置的车速。通过按压 SET/COAST 或 SET/ACCELERATE 可调低或调高该车巡航控制的设置车速。SET/RESUME 开关的两个位置还用于 PTO 操作过程中发动机转速的设置。

离合器开关

当离合器踏板踏下时，这个常闭开关被打开。它示意 ECM 取消巡航控制、取力装置（PTO）模式或发动机制动。该开关的输入还被用于在档滑行时怠速关闭计时器。

行车制动开关

当行车制动踏板被踏下时，这个常闭的压力开关被打开。这将示意 ECM 允许发动机制动或取消巡航控制或取力装置模式。该开关输入还被用于在档滑行时怠速关闭计时器。

发动机制动 ON/OFF 开关

当这个常开的开关被闭合时，它示意 ECM 该操作者正请求发动机制动起作用。ECM 将根据加速踏板、巡航控制 ON/OFF 开关、离合器开关和行车制动开关的输入给发动机制动电磁阀通电。

发动机制动选择器开关

这个三位置开关设置发动机制动的等级（低、中等或高），在低等级，发动机 3 和 4 缸的发动机制动电磁阀被通电。在中等等级，发动机 1 和 2 及 5 和 6 缸的发动机制动电磁阀被通电。在高的发动机制动等级，所有三个电磁阀都被通电。

取力装置（PTO）ON/OFF 开关

当这个常开开关被闭合时，将使 PTO 模式工作。在此模式中，巡航控制的 SET/RESUME 开关被用于两个预先设置的 PTO 发动机转速。SET/COAST 开关被按下时是第一个发动机转速设置，RESUME/ACCELERATE 被按下时是第二个设置。

取力装置（PTO）遥控开关

这个常开开关安装在驾驶室外面，当被闭合时将允许遥控 PTO 模式工作在预先设置的发动机转速。

发动机保护取消开关

这是个常开短时开关，在停机警告期间，当其被按下（被闭合）并释放时，它请求 ECM 对发动机保护停机取消（延时）30s。

柴油颗粒过滤器再生开关

这是个常开短时开关，当其被按下（被闭合）并释放时，请求 ECM 启动静态或停车的 DPF 再生。

驻车制动开关

当驻车制动被释放时，这个常闭开关打开。该开关位置的信号通过 J1939 数据传输线路从车身控制模块（BCM）被发送给 ECM。ECM 使用这个输入来控制静态或停车的 DPF 再生、怠速停机和 PTO 的操作。

执行器

电控泵油嘴（EUI）

这些电动机械式柴油喷油器含有一个由 ECM 控制的电磁阀，负责管理喷油的正时和计量。ECM 的喷油器驱动电路为该喷油器电磁阀提供高电压，并由 ECM 中的接地电路控制其接地。喷油器的校准编码需要编入 ECM 以便补偿制造误差。

发动机冷却风扇电磁阀

当 ECM 使该电磁阀通电后，该常闭电磁阀提供空气压力来分离发动机冷却风扇离合器和关闭风扇。该电磁阀可由 ECM 断电，关闭空气压力以接合该风扇离合器使风扇运转。当选择器开关在 HIGH（高）位置时，ECM 接合该风扇来帮助发动机的制动。当冷却液温度达到 205 ℉、发动机机油温度在 245 ℉、进气歧管温度在 190 ℉，以及 A/C 高压开关断开时，为保护发动机，ECM 将接通该风扇使其运转。

关闭发动机灯

在发动机保护系统处于功率降低和停机模式下，该红色的关闭发动机指示灯（SEL）被点亮。它还可被用于在诊断模式中以闪烁方式读取被激活的故障码。

检查发动机灯

当发动机保护系统处于警告模式，或电子控制系统出现故障和存在一个当前故障时，该黄色的检查发动机指示灯（CEL）被点亮。它还可被用于在诊断模式中以闪烁方式读取非激活的故障码。CEL 灯和 SEL 灯还与后处理再生状态指示灯（DPFR）结合在一起，用于 DPF 的阻塞状态和再生要求显示。

发动机制动电磁阀

这三个电磁阀可由 ECM 控制其通电以提供两个气缸、四个气缸或所有六个气缸的发动机制动。发动机制动可在巡航控制工作时被激活。当超过设置的车速或踏下制动踏板且松开加速踏板后，该电磁阀将被通电。而当踏下离合器踏板时，WCM 将不给该电磁阀通电。

EGR 阀电动机

EGR 阀步进电动机安装在 EGR 阀上，并由 ECM 通过 J1939 数据传输线路（CAN）进行控制。排气流过 EGR 中冷器到 EGR 阀，并进入歧管上的文氏管（进气与排气的混合腔）。在电动机数据传输线路出现通信故障的情况下，ECM 将停用该 EGR 阀（默认为关闭位置）。

可变几何参数涡轮增压器（VGT）执行器

VGT 执行器安装在涡轮增压器上，并由 ECM 通过 J1939 数据传输线路（CAN）进行控制。该执行器操纵涡轮室内部的滑动喷嘴环。通过该滑动喷嘴环调节流过涡轮增压器的排气流量，来对涡轮轴的转速进行控制。当该环从打开移向关闭位置时，排气流速增加。该执行器具有自诊断能力和一个在执行器出现故障时的默认位置。ECM 计算涡轮轴的转速并用于显示数据和故障诊断。

怠速停机计时器（IST）

该怠速熄火控制的优点是在没有驾驶人动作，且发动机怠速运转一定时间后通过关闭发动机来减少燃油消耗和延长发动机寿命。在停机出现前 30s，关闭发动机指示灯闪烁以警告驾驶人即将停机。在警告期间，驾驶人可通过踏下制动踏板、离合器踏板或加速踏板来取销停机。若阻止取消成功，SEL 将继续闪烁 2min。当 ECM 检测到怠速状态时，该怠速停机的时间周期将被重新设置。

怠速停机会与 PTO 功能相互影响。它可以导致发动机在 PTO 模式中停机。如果怠速停机的负荷百分比阈值没有被超过，发动机将被停机。

为怠速停机计时器（IST）激活，必须设置下述条件。对下述条件中的一个或多个进行任何改动都将重置或停用 IST。

IST 的许可条件：

- 发动机处于怠速且低于 750r/min。
- 车速为 0km/h。
- 没有已被激活的车速传感器诊断故障。
- PTO/ 遥控 PTO 正工作在低于百分比负荷阈值（客户可编程参数）。
- 环境空气温度低于 40 ℉和 80 ℉（来自车身控制模块的 CAN 信息）（客户可编程参数）。
- 没有激活的进气空气温度传感器故障码。
- 发动机冷却液温度高于 140 ℉。

柴油发动机电控系统（1）

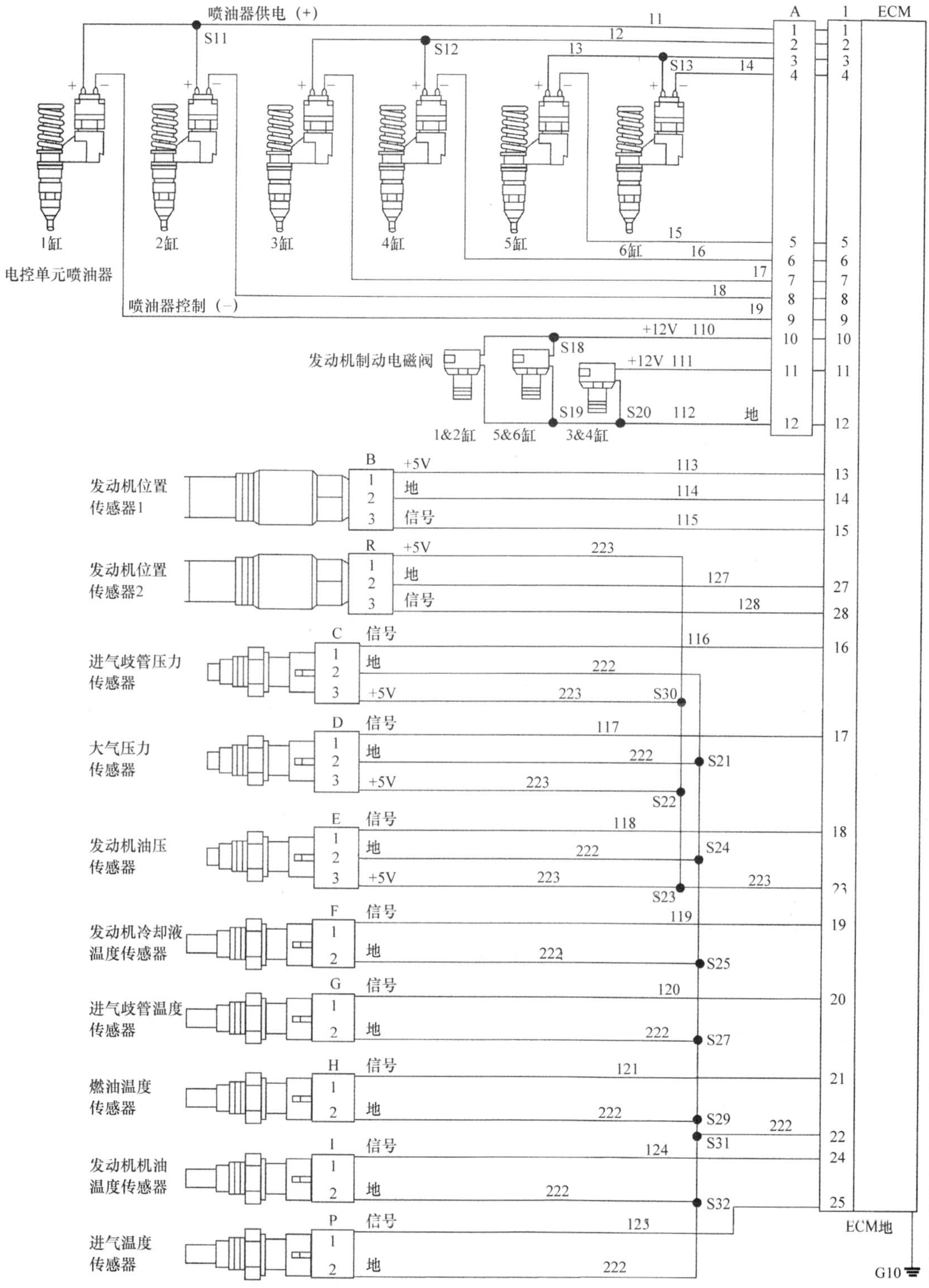
喷油器供电（+）
S11
S12
S13
1缸
2缸
3缸
4缸
5缸
6缸
电控单元喷油器
喷油器控制（-）
发动机制动电磁阀
S18
S19
S20
+12V 110
+12V 111
112 地
1&2缸
5&6缸
3&4缸
A
ECM
发动机位置传感器1
B
+5V 113
地 114
信号 115
发动机位置传感器2
R
+5V 223
地 127
信号 128
进气歧管压力传感器
C
信号 116
地 222
+5V 223
S30
大气压力传感器
D
信号 117
S21
S22
发动机油压传感器
E
信号 118
S24
S23
发动机冷却液温度传感器
F
信号 119
S25
进气歧管温度传感器
G
信号 120
S27
燃油温度传感器
H
信号 121
S29
S31
发动机机油温度传感器
I
信号 124
S32
进气温度传感器
P
信号 123
ECM地
G10

柴油发动机电控系统（2）

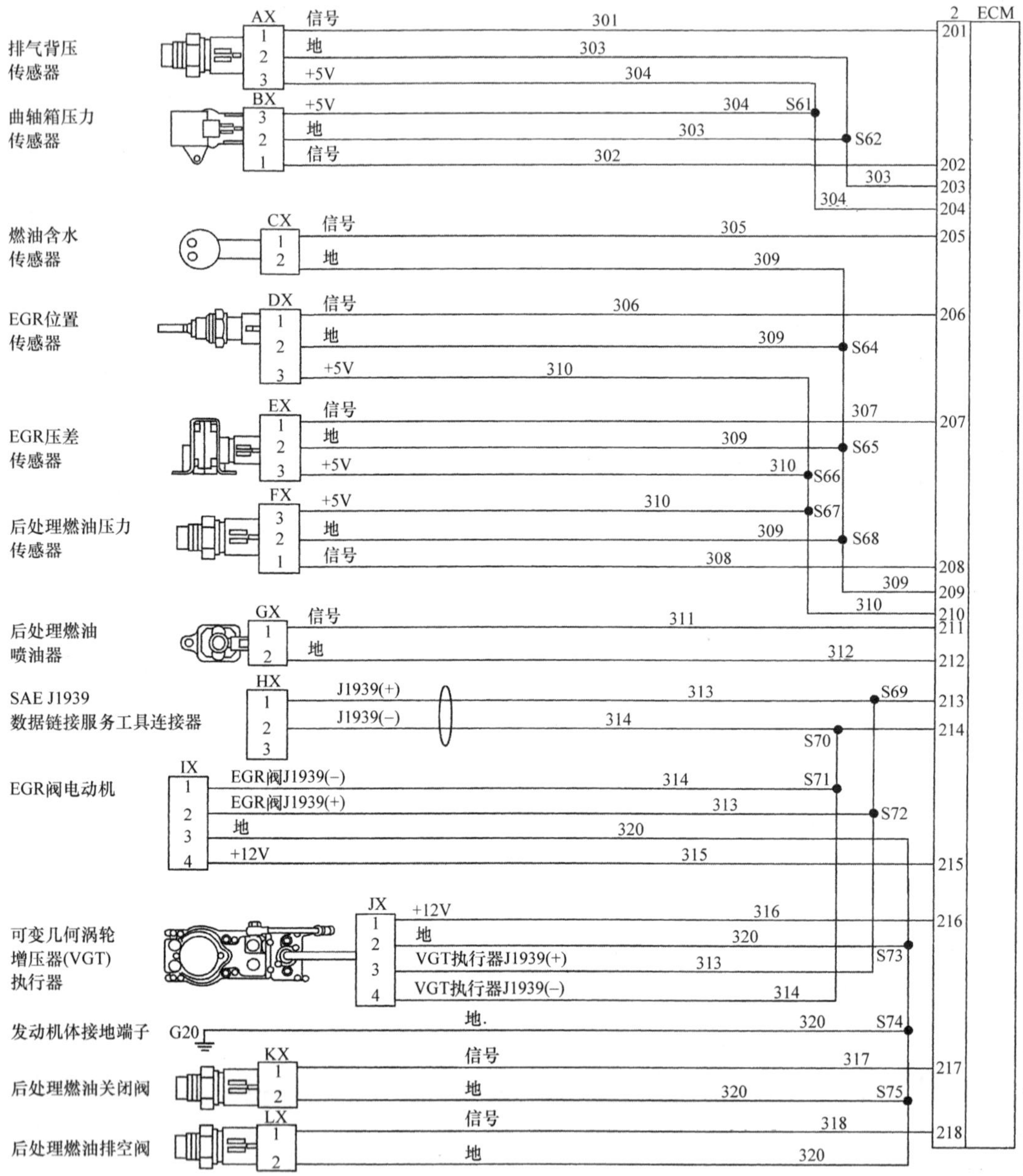
ECM
排气背压传感器
AX
信号 301
地 303
+5V 304
曲轴箱压力传感器
BX
+5V 304
地 303
信号 302
S61
S62
燃油含水传感器
CX
信号 305
地 309
EGR位置传感器
DX
信号 306
地 309
+5V 310
S64
EGR压差传感器
EX
信号 307
地 309
+5V 310
S65
S66
后处理燃油压力传感器
FX
+5V 310
地 309
信号 308
S67
S68
后处理燃油喷油器
GX
信号 311
地 312
SAE J1939
数据链接服务工具连接器
HX
J1939(+) 313
J1939(−) 314
S69
S70
EGR阀电动机
IX
EGR阀J1939(−) 314
EGR阀J1939(+) 313
地 320
+12V 315
S71
S72
可变几何涡轮
增压器(VGT)
执行器
JX
+12V 316
地 320
VGT执行器J1939(+) 313
VGT执行器J1939(−) 314
S73
发动机体接地端子
G20
地. 320
S74
后处理燃油关闭阀
KX
信号 317
地 320
S75
后处理燃油排空阀
LX
信号 318
地 320
201 202 203 204 205 206 207 208 209 210 211 212 213 214 215 216 217 218

车辆 OEM 电控系统（1）

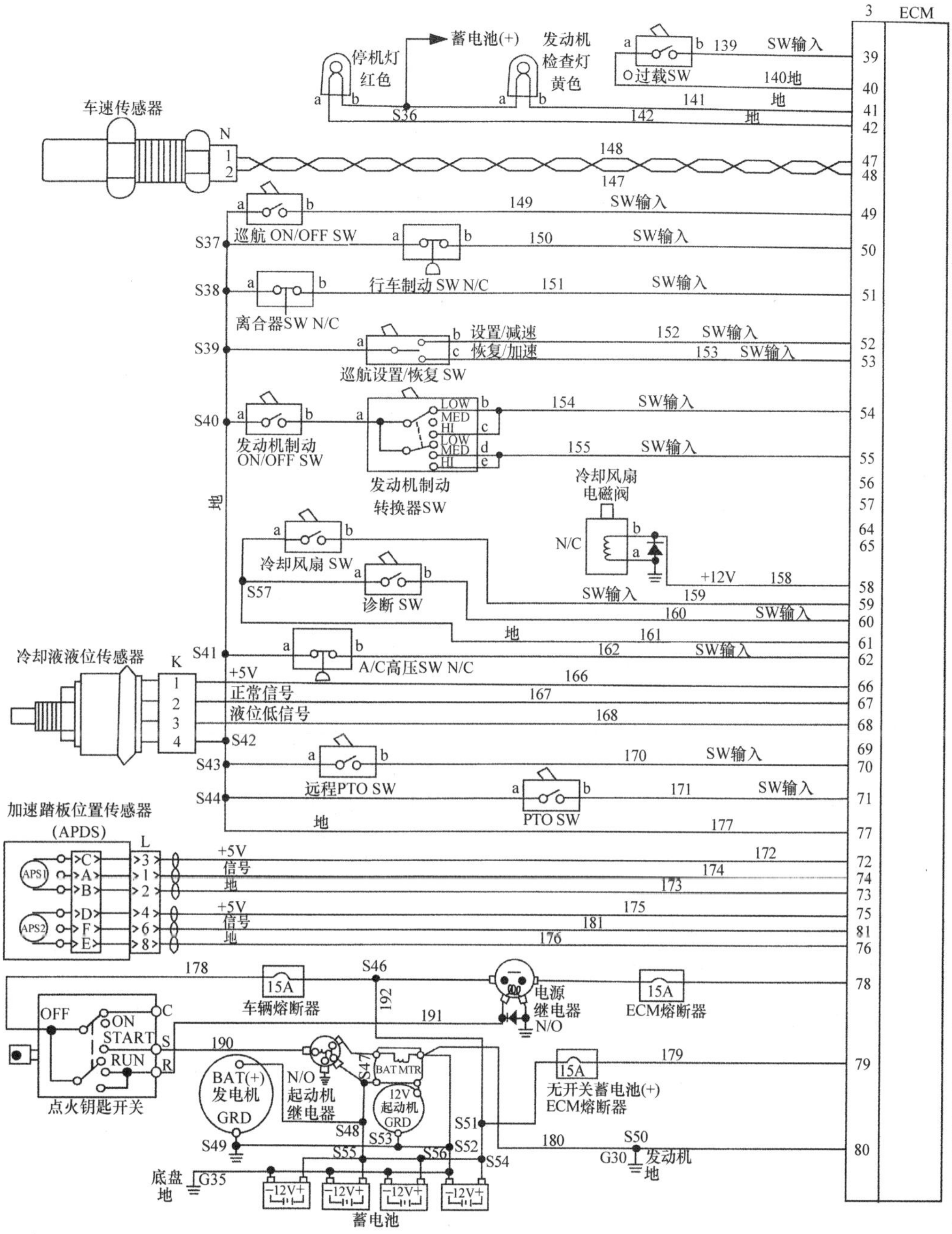
ECM
蓄电池(+)
停机灯
红色
发动机
检查灯
黄色
过载SW
SW输入
140地
地
S36
车速传感器
巡航 ON/OFF SW
行车制动 SW N/C
离合器SW N/C
设置/减速
恢复/加速
巡航设置/恢复 SW
发动机制动
ON/OFF SW
发动机制动
转换器SW
LOW
MED
HI
冷却风扇
电磁阀
N/C
+12V
冷却风扇 SW
诊断 SW
S57
冷却液液位传感器
A/C高压SW N/C
+5V
正常信号
液位低信号
远程PTO SW
PTO SW
加速踏板位置传感器
(APDS)
APS1
APS2
信号
车辆熔断器
电源
继电器
N/O
ECM熔断器
OFF
ON
START
RUN
点火钥匙开关
BAT(+)
发电机
GRD
N/O
起动机
继电器
BAT MTR
12V
起动机
无开关蓄电池(+)
ECM熔断器
发动机
地
底盘
地
G35
G30
蓄电池
-12V+

车辆 OEM 电控系统（2）

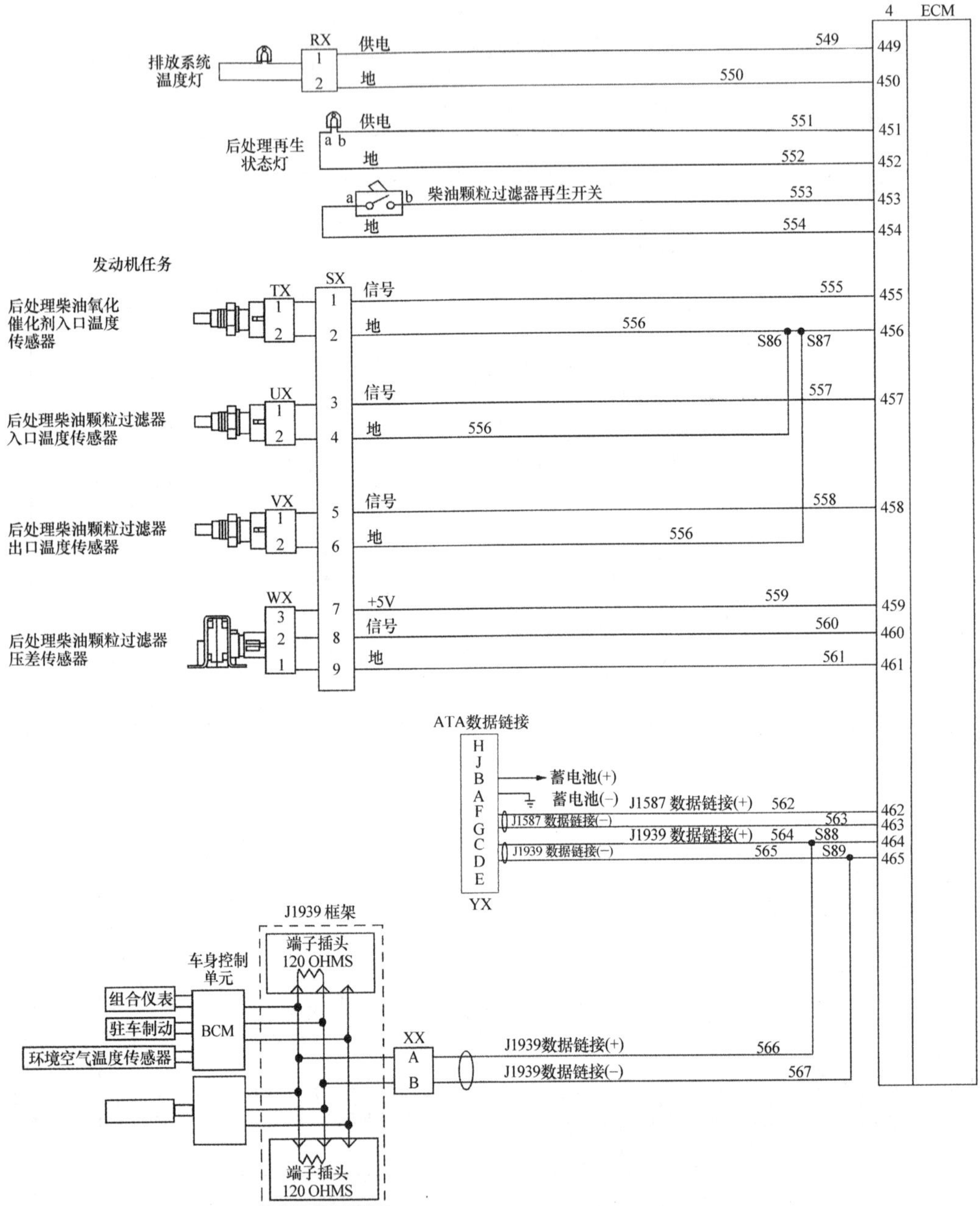

ECM
排放系统温度灯
RX
供电
地
后处理再生状态灯
柴油颗粒过滤器再生开关
发动机任务
后处理柴油氧化催化剂入口温度传感器
后处理柴油颗粒过滤器入口温度传感器
后处理柴油颗粒过滤器出口温度传感器
后处理柴油颗粒过滤器压差传感器
TX
UX
VX
WX
SX
信号
+5V
S86
S87
ATA数据链接
YX
蓄电池(+)
蓄电池(−)
J1587 数据链接(+)
J1587 数据链接(−)
J1939 数据链接(+)
J1939 数据链接(−)
S88
S89
J1939 框架
端子插头 120 OHMS
车身控制单元
BCM
组合仪表
驻车制动
环境空气温度传感器
XX
J1939数据链接(+)
J1939数据链接(−)

- 没有激活的发动机冷却液温度传感器故障码。
- 静态柴油颗粒过滤器（DPF）再生未激活。
- 加速踏板位置释放（处于怠速）。
- 行车制动开关闭合。
- 离合器开关闭合。
- 驻车制动被应用（来自车身控制模块的 CAN 信息）。

排气后处理

排气系统高温指示灯（HEST）

当 EGT3 监测的排气温度超过 850 ℉，且车速大于 8km/h 时，排气系统高温指示灯（HEST）被 ECM 点亮。

后处理再生状态指示灯（DPFR）

根据 DPF 压差传感器（DPF Delta P）的输入，当 DPF 受阻达到设置点时，ECM 点亮后处理再生状态指示灯（DPFR）。这表示需要根据下述等级对 DPF 进行再生。

- 等级 1- 低炭烟负荷。DPF 状态指示灯被点亮。
- 等级 2- 中等炭烟负荷。DPF 状态指示灯闪烁。
- 等级 3- 全炭烟负荷。DPF 状态指示灯闪烁，同时黄色 CEL 灯被点亮。
- 等级 4- 超过全炭烟负荷。DPF 状态指示灯闪烁，同时红色 SEL 灯被点亮。

后处理喷油器（AFI）

燃油传输的压力从位于第二级燃油过滤器上的切断阀提供给脉宽调制（PWM）后处理喷油器。ECM 控制该喷油器将燃油喷入柴油氧化型催化器（DOC）上游的排气中以提高排气温度。当 DOC 进口温度达到 600 ℉时，ECM 开始控制 AFI，并改变 PWM 占空比直到排气温度提升到再生所要求的程度。

后处理燃油切断阀（AFS）

当 ECM 发出指令时，AFS 控制燃油流向第二级燃油过滤器壳体上的供给阀。在发动机起动及头 1min 运转期间，ECM 通过打开 AFS 向后处理燃油系统施压来进行自检。在 ECM 监测到 AFP 传感器读数时，随后 AFD 被打开以释放该燃油压力。若检测到问题，ECM 将停止其工作及静态再生，直到下一个点火循环。

后处理燃油泄放阀（AFD）

AFD 阀被用于保持和释放后处理燃油系统中的压力。ECM 指令 AFD 阀打开并允许燃油流入回油管路。

后处理再生系统工作

在发动机运转期间，后处理柴油颗粒过滤器会积累炭烟和颗粒。在再生过程中，炭烟被氧化和清除。颗粒则积存在 DPF 中，一旦超过该单元的使用寿命，需要将 DPF 拆解并通过专门的清洗程序清除颗粒。

根据发动机的运转状态、DPF受阻的等级和驾驶人反映的要求，再生分为被动和主动两种。若DPF受阻是等级四，ECM将不使其激活或静态再生。

被动再生出现在整个发动机正常运转期间排气温度都足够高的情况下。这通常都发生在汽车行驶在高速路和/或大负荷的情形中。

主动再生发生在排气温度不足以氧化DPF中收集的炭烟的情况下。这在以低转速和低负荷循环运转车辆上会出现得更为频繁。为了进行再生，ECM将向柴油氧化型催化器（DOC）入口前的废气中喷入柴油以提高其温度。根据需要，ECM将启用和停用该主动再生。主动再生的速度阈值是40km/h，当车速低于此值时，主动再生将停止。主动再生期间的排气温度可高达1500 ℉。

如果上述再生的状态在车辆行驶过程中未达到，则需要进行静态（停车）再生。这是在汽车没有移动的情况下，由操作者使用DPF再生开关的一种主动再生形式。此时，车辆必须施加驻车制动并将变速器置于空档。同时不能有加速踏板、制动踏板和离合器踏板的输入。ECM控制此再生过程可能会持续1.5h，这取决于DPF被阻塞的程度。

数据传输线路的通信

SAE J1939数据传输总线（控制器局域网络-CAN）允许ECM与汽车上其他控制系统进行通信，例如变速器、自动行驶轨迹控制、防抱死制动和车身控制器。该J1939数据传输线路采用无屏蔽的双绞线（UTP）。在点火开关处于在ON位置时，ECM将发送公共数据传输报文，并在点火开关OFF时停止。在发动机运转和诊断编程期间，ECM还使用J1939协议向驱动执行器发送专用数据传输报文。美国汽车工程师协会（SAE）建议数据传输线路的主干线束最大长度是40米。该线束的两端配有120Ω电阻。该J1939主干线束上最多同时允许30个不同装置存在。每个装置使用三针脚的子插接器连接在主干线束上，其线路的最大长度是1米。

下述中的任何一个状态都会导致数据通信总线的故障，并造成与网络有关的故障码被存储：数据线对电源或对地短路，或者某条数据线与其他数据线短路。

当带有终端电阻的两个控制模块中有一个没有被连接在该网络时，该数据总线将保持工作。当两终端电阻都没有被连接在网络上时，该数据总线将失效。数据通信的故障不会妨碍ECM提供对燃油的管理。

诊断工具通过9针脚的ATA插接器使用J1939和/或J1587数据传输上的J1708协议与ECM进行通信。它允许诊断信息的检索和参数校正的设置。9针脚ATA数据传输插接器位于驾驶室内。

故障码

故障码（DTC）可能是激活的或非激活的。激活的故障码表示该问题当前存在，而非激活的故障码则表示问题曾经存在。故障码可通过诊断指示灯来读取，它通过指定的闪烁方式显示故障码。激活的故障码用红色的关闭发动机指示灯（SEL）来显示，而非激活的故障码用黄色的检查发动机指示灯来显示。当使用诊断工具时，这些故障码按照 J1939 的标准格式化。

诊断设备

可以将能在分支点接线的测试盒连接在电路中，用数字式万用表测量电压信号和电阻值。诊断工具可连接在数据传输接口来读取发动机数据、故障码和设置可编程参数。ECM 软件的升级（重新刷新）可使用 PC 版诊断工具进行。

下面出示的数据表显示有哪些诊断工具数据将出现在某些综合汽车的测试题中。该表包括了各种传感器电压的正常工作范围和各种部件（开关和指示灯）状态或操作模式。还显示了最小 - 最大测量范围和发动机数据（温度、压力和速度）。

具体可参看下表。

显示的数据

显示的数据	范围值
后处理柴油氧化型催化器入口温度	0~2000 ℉
后处理柴油氧化型催化器入口温度传感器信号电压	0.5~4.5V
后处理柴油颗粒过滤器压差	0~10in.Hg
后处理柴油颗粒过滤器压差传感器信号电压	0.5~4.5V
后处理柴油颗粒过滤器入口温度	0~2000 ℉
后处理柴油颗粒过滤器入口温度传感器信号电压	0.5~4.5V
后处理柴油颗粒过滤器指示灯状态	On/Off
后处理柴油颗粒过滤器出口温度	0~2000 ℉
后处理柴油颗粒过滤器出口温度传感器信号电压	0.5~4.5V
后处理柴油颗粒过滤器再生启动开关状态	On/Off
后处理燃油压力	0~300lbf/in^2
后处理燃油压力传感器信号电压	0.5~4.5V（原文有错误）
后处理排气系统温度高指示灯状态	On/Off
空调压力开关	On/Off
琥珀 / 黄色警告灯状态（CEL）	On/Off
大气压力	0.5~4.5V
大气压力传感器信号电压	0.5~4.5V
蓄电池电压	0~15V
制动踏板位置开关	释放 / 踏下
离合器踏板位置开关	释放 / 踏下
CMP/ 发动机位置 1 信号	Yes/No
CMP/ 发动机位置 2 信号	Yes/No
曲轴箱压力	0~49in.Hg
曲轴箱压力传感器信号电压	0.5~4.5V
巡航 On/Off 开关	On/Off
巡航 Set/Resume 开关	Set/Neutral/Resume

（续）

显示的数据	范围值
诊断开关	On/Off
ECM 时间（点火开关打开的时间）	HH:MM:SS
EGR 压差	0~10in.Hg
EGR 压差传感器信号电压	0.5~4.5V
EGR 温度	−40~+400 ℉
EGR 温度传感器信号电压	0.5~4.5V
被指令的 EGR 阀位置	0~100%
EGR 阀位置传感器信号电压	0.5~4.5V
发动机制动 On/Off 开关	On/Off
发动机制动选择器开关	低 / 中等 / 高
发动机冷却液液面	低 / 正常
发动机冷却液温度	−40~+248 ℉
发动机冷却液温度传感器信号电压	0.5~4.5V
发动机机油压力	0~125lbf/in^2
发动机机油压力传感器信号电压	0.5~4.5V
发动机机油温度	−40~+300 ℉
发动机机油温度传感器信号电压	0.5~4.5V
发动机机保护关机开关	On/Off
发动机转速	0~3000r/min
排气压力（EBP）	0~125in.Hg
排气压力传感器信号电压	0.5~4.5V
风扇控制开关	On/Off
燃油温度传感器信号电压	0.5~4.5V
进气温度	−40~+248 ℉
进气温度传感器信号电压	0.5~4.5V
进气歧管空气温度	−4~+248 ℉
进气歧管空气温度传感器信号电压	0.5~4.5V
进气歧管压力	0~60in.Hg
进气歧管压力传感器信号电压	0.5~4.5V
点火开关	On/Off
加速踏板位置（APP）信号	0%~100%
PTO 降低开关	On/Off
PTO 增加开关	On/Off
PTOOn/Off 开关	On/Off
PTO 状态	激活 / 未激活
红色关机指示灯状态（SEL）	On/Off
遥控 PTO 开关	On/Off
传感器电源 1	4.75~5.25V
传感器电源 2	4.75~5.25V
传感器电源 3	4.75~5.25V
同步状态	Yes/No
变速器速比	0.1~16
测量的涡轮增压器执行器位置	0%~100%
涡轮增压器执行器位置传感器信号电压	0.5%~4.5V
涡轮增压器转速	0~200 000r/min
车速	0~127mile/h

可编程的测试参数

可编程测试是一个规范，它可设置在 ECM 中以控制操作功能。该测试存储在非易丢失存储器中。客户密码被用于编程的保护。可编程的测试参数范围及其设置显示在下表中。

内　容	范　围	设　置
道路车速调节器		
加速踏板 - 最大道路车速	30~120mile/h	60mile/h
加速踏板下移上限	0~3mile/h	0mile/h
加速踏板下移下限	0~3mile/h	1mile/h
全程最大道路车速	0~120mile/h	120mile/h
减速保护（GDP）		
GDP 轻负荷车速	30~1000mile/h	54mile/h
GDP 重负荷车速	30~1000mile/h	60mile/h
怠速控制		
发动机怠速转速	600~850r/min	700r/min
怠速停机		
怠速停机计时器	1~100min	5min
怠速停机 - 环境空气温度低限	0~100 ℉	40 ℉
怠速停机撤销 - 环境空气温度上限	0~100 ℉	80 ℉
怠速停机撤销 -PTO 负荷	0%~100%	100%
怠速停机	允许 / 不允许	允许
怠速停机手动撤销	允许 / 不允许	允许
风扇控制		
中速风扇 On 时间	0~1000s	240s
风扇控制离合器逻辑		0V 为 ON
风扇 On- 发动机制动期间	允许 / 不允许	允许
风扇与车速关联	允许 / 不允许	允许
风扇控制 -A/C 压力开关	允许 / 不允许	允许
风扇控制	允许 / 不允许	允许
巡航控制 / 发动机制动		
巡航最小车速	30~102mile/h	65mile/h
巡航控制减弱上限	0~3mile/h	0mile/h
巡航控制减弱上限	0~3mile/h	2mile/h
巡航控制 - 最大发动机制动	0~6mile/h	5mile/h
时速度差		
巡航控制 - 最小发动机制动	0~102mile/h	3mile/h
时速度差		
巡航控制功能	允许 / 不允许	允许
发动机制动 - 巡航控制激活	允许 / 不允许	允许
发动机制动 - 最小车速	0~35mile/h	0mile/h
发动机制动延时	0~10s	0.0s
发动机制动 - 行车制动激活	允许 / 不允许	允许
发动机制动控制	允许 / 不允许	允许
PTO/ 遥控 PTO		
PTO 转速 - 最大	600~2500r/min	1000r/min

（续）

内　　容	范　　围	设　　置
PTO 转速 - 最小	600~2500r/min	700r/min
PTO 转速 - 设置	600~2500r/min	900r/min
PTO 转速 - 恢复	600~2500r/min	1000r/min
PTO 转速 - 遥控	600~2500r/min	1000r/min
最大发动机负荷	0~1850lbf · ft	800lbf · ft
最大车速	0~30mile/h	0mile/h
缓变率	100~250（r/min）/s	250（r/min）/s
后处理		
静态再生 -PTO 中	允许 / 不允许	允许
自动静态再生	允许 / 不允许	允许
移动 / 激活再生	允许 / 不允许	允许
最小车速	20~100mile/h	25mile/h
柴油颗粒过滤器指示灯	允许 / 不允许	允许
柴油颗粒过滤器再生准许开关	允许 / 不允许	允许
柴油颗粒过滤器再生起动开关	允许 / 不允许	允许
排气系统温度高指示灯	允许 / 不允许	允许
汽车设置参数		
后桥速比	2~15.98	4.1
轮胎尺寸	301~700r/mile	501r/mile
尾轴齿数	1~64	16
车速传感器类型		磁感
最大发动机转速 - 不带 VSS	1400~3000r/min	1800r/min
最大发动机转速 - 带 VSS	1400~3000r/min	1800r/min
变速器 - 最高速比	0.1~2	1.00
变速器 - 单齿轮减速比	0.1~16	1.34
变速器类型		手动
冷却液液面	允许 / 不允许	允许
燃油含水量传感器	允许 / 不允许	允许
倍加驻车制动开关		J1939
驻车制动源地址	0~255	49
发动机保护		
发动机保护关机功能	警告 / 降低 / 关机	关机
发动机保护 - 重新起动阻止	允许 / 不允许	允许
手动撤销	允许 / 不允许	允许

发动机运转规范

燃油供给压力

起动中：至少 20lbf/in^2

额定转速：90~100lbf/in^2

进气歧管压力

额定转速：30~45lbf/in^2

发动机机油压力

怠速：15~35lbf/in^2

额定转速：50~70lbf/in^2

电气标准

J1587 数据传输线路

正极线对车身地：2.5~5.0V（DC）

负极线对车身地：0.00~2.5V（DC）

J1939S 数据传输线路

正极线对负极线：50~70Ω

终端电阻：1120~130Ω

ECM

9.0~16.0V（DC）电源电压

所有线路的最大电压降（除喷油器外）：0.5V（DC）

ECM 5V 传感器参考电源组

电　路　组	ECM 针脚编号
传感器电源 1	13、23、66、204
传感器电源 2	459、210
传感器电源 3	72、75

5V 参考电源

在 ECM：4.75~5.25V（DC）

在线束：4.75~5.25V（DC）

所有对外部电压的短路

OK：若小于 1.5V（DC）

所有连通性检查

OK：若小于 10Ω（没开路）

喷油器

0.5~5.0Ω 电阻

100~120V（DC）电源电压

传感器标准

车速传感器

线圈电阻：1100~1500Ω

进气歧管压力传感器

压力 /（lbf/in^2）	压力 /in.Hg	电压 / V（DC）
大气	大气	0.50
12.5	25.45	1.5
25.0	50.90	2.50
37.5	76.35	3.50
50.0	101.80	4.50

所有温度传感器

电阻值：600~1600Ω

大气压力传感器

压力 /in.Hg	海拔 /ft	电压 / V（DC）
29.9	0（海平面）	4.00~4.5
26.8	3000	3.50~4.30
24.0	6000	3.10~3.90
21.4	9000	2.90~3.70
19.1	12000	2.50~3.30

发动机机油压力传感器

压力		电压 / V（DC）
kPa	lbf/in²	
0	0	0.50
172	25	1.50
345	50	2.50
517	75	3.50
689	100	4.50

所有温度传感器（除排气后处理和 EGR）

温度		电压 / V（DC）
℃	℉	
120	248	0.50
82	180	0.75
54	130	1.50
32	90	2.50
0	32	3.60
−40	−40	4.50

后处理燃油压力传感器

压力		电压 / V（DC）
kPa	lbf/in²	
0	0	0.50
345	50	1.50
689	100	2.50
1034	150	3.50
1379	200	4.50

冷却液液位传感器

有冷却液时：冷却液的正常信号 =5V（DC）

冷却液的液位低，接近 0V（DC）

无冷却液时：冷却液液位低的信号 =5V（DC）

正常信号接近 0V（DC）

加速踏板位置传感器

加速踏板位置传感器（%）	APP1 传感器电压 /V（DC）	APP2 传感器电压 /V（DC）
0	0.50	1.50
5	0.65	1.65
10	0.80	1.80
15	0.95	1.95
20	1.10	2.10
25	1.25	2.25
40	1.70	2.70
50	2.00	3.00
60	2.30	3.30
75	2.75	3.75
80	2.90	3.90
100	3.50	4.50

EGR 位置传感器

EGR 阀 /（%，打开度）	传感器电压 /V（DC）
0	0.50
25	1.50
50	2.50
75	3.50
100	4.50

所有传感器信号电压

超出范围 – 低 = 小于 0.20V（DC）

正常范围 = 0.50~4.5V（DC）

超出范围 – 高 = 大于 4.8V（DC）

Chapter 5

第五章 模拟考试

说明

本章的内容是由独立的六份样卷组成的一系列模拟考试，它会帮助你确定为成功通过 ASE 标准考试中电子柴油发动机诊断专家（L2）所做的总体准备。

当每一份模拟考试完成后，你可用本书第六章的正确答案和解释确定你考试的得分。包括在每一个问题解释中的内容是由单个问题确定的特定任务领域。如果您需要返回第四章的任务列表寻求其他的支持，这个附加的参考信息会显示出它的作用。

模拟考试 1

1. 一辆汽车带进车间进行诊断。技师 A 说可从挂在发动机上的标签上发现该发动机的生产序列号。技师 B 说发动机的生产序列号是该车识别编号的最后六位数字（VIN）。请问谁是正确的？

A. 仅 A 正确

B. 仅 B 正确

C. A 和 B 都正确

D. A 和 B 都不正确

2. 技师 A 说防抱死制动 / 电子稳定控制系统（ABS/ESC）可能会引起发动机降低输出功率。技师 B 说该 ABS/ESC 可造成发动机关机。请问谁是正确的？

A. 仅 A 正确

B. 仅 B 正确

C. A 和 B 都正确

D. A 和 B 都不正确

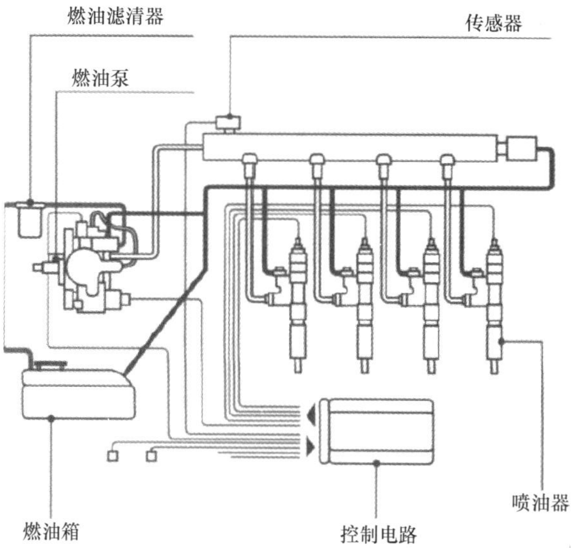

3. 参考上图，其说明的是哪类燃油系统？

A. 电控泵喷嘴（EUI）

B. 液压驱动的电控泵喷嘴（HEUI）

C. 泵喷嘴电子控制（PLN-E）

D. 共轨

4. 插接器的锁扣被损坏。下述选项中哪一个是最不可接受的维修方式？

A. 仅更换锁扣

B. 更换锁扣和插接器外壳

C. 使用尼龙拉带以确保插接器两部分连接在一起

D. 更换整个插接器

5. 下述选项中哪一个最不可能会是进气温度高的原因？

A. 被阻塞的压缩空气中冷器

B. 被阻塞的散热器

C. 被阻塞的冷凝器

D. 被阻塞的空气滤清器

6. 技师 A 说在执行任何作业前，应先核实客户的抱怨。技师 B 说核实客户的抱怨可能包括与该客户的交流或驾驶该车。请问谁是正确的？

A. 仅 A 正确

B. 仅 B 正确

C. A 和 B 都正确

D. A 和 B 都不正确

7. 高里程发动机的 # 5 缸做功不良且失火。技师发现 # 5 缸上的喷油器线圈开路。安装所有新的喷油器后，发现该发动机的 # 3 缸失火。下述选项中哪一个会是其原因？

A. # 5 缸压缩压力低

B. # 3 缸压缩压力低

C. # 3 缸喷油器的插接器损坏

D. # 5 缸喷油器的插接器损坏

8. 下述所有选项都是 APP 传感器的类型，但除了：

A. 单电位计式

B. 三电位计式

C. 光电式

D. 霍尔效应式

9. 下述选项中哪一个是柴油发动机整个诊断和维修的最后一步？

A. 更换有故障的部件

B. 研究维修资料

C. 核实其维修

D. 核实客户的抱怨

10. 下述选项中哪一个最不可能导致无法起动的状况？

A. 编入 ECM 中的怠速转速不正确

B. 发动机的位置传感器失效

C. ECM 失效

D. ECM 中发动机校准文件不正确

11. 当对 ECM 编程时，下述所有选项都是重要的安全防护措施，但除了：

A. 诊断工具 / 笔记本电脑应连接至 110V（AC）市电上

B. 货车上被建立的驻车制动压缩空气压力应达到 120lbf/in^2

C. 应核实货车的蓄电池是否被完全充满电

D. 技师应核实目前使用的是否是最新的闪存文件。

12. 下述中每一项将被认为是发动机机械的问题，但除了：

A. 压缩压力低

B. 柴油颗粒过滤器（DPF）阻塞

C. 废气再循环（EGR）中冷器泄漏

D. 喷油器线束线路开路

13. 技师 A 说数据总线的故障会妨碍自动变速器正确换档。技师 B 说数据总线的故障会妨碍诊断工具与变速器控制器之间的通信。请问谁是正确的？

A. 仅 A 正确

B. 仅 B 正确

C. A 和 B 都正确

D. A 和 B 都不正确

14. 技师 A 说进气阻力仅可在怠速时进行测量。技师 B 说水压力计被用于测量进气的阻力。请问谁是正确的？

A. 仅 A 正确

B. 仅 B 正确

C. A 和 B 都正确

D. A 和 B 都不正确

15. 技师 A 说损坏的节气门位置传感器（TPS）会影响 EGR 的工作。技师 B 说损坏的 TPS 会造成无法起动的状况。请问谁是正确的？

A. 仅 A 正确

B. 仅 B 正确

C. A 和 B 都正确

D. A 和 B 都不正确

16. 一台使用 HEUI 燃油系统的发动机起动失败。技师将诊断工具连接至发动机。在转动发动机的过程中，喷油驱动的压力是 $270lbf/in^2$。技师 A 说燃油输油泵没能提供足够的压力。技师 B 说应检查燃油滤清器是否阻塞。请问谁是正确的？

A. 仅 A 正确

B. 仅 B 正确

C. A 和 B 都正确

D. A 和 B 都不正确

17. 一台柴油机在诊断过程中出现几个彼此不相关的故障码（DTC），技师在发动机的背面测量交流电压。下述哪个电压应被认为是可接受？

A. 13.2V

B. 12.9V

C. 1.3V

D. 0.3V

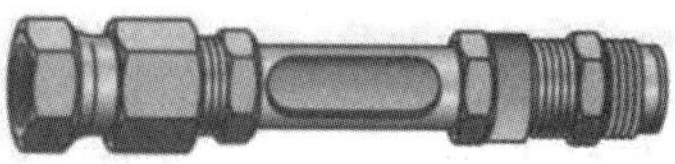

18. 参照上图，该工具被用于：

A. 测量柴油的相对密度

B. 测量冷却液的相对密度

C. 测试柴油系统是否有空气

D. 测试进气系统是否有柴油

19. 一辆汽车被多次带进车间进行 DPF 的静态再生。下述选项中哪一个是最不可能的原因？

A. 编入 ECM 用于后处理装置的主动再生程序不正确。

B. 使用超低硫含量的燃油

C. 使用高硫含量的燃油

D. 用于主动再生的最低车速参数编写错误

20. 技师 A 说 EUI 喷油器在安装后需要调整。技师 B 说在更换 EUI 喷油器时，该喷油器的校准编码应被输入到发动机的 ECM 中。请问谁是正确的？

A. 仅 A 正确

B. 仅 B 正确

C. A 和 B 都正确

D. A 和 B 都不正确

21. 后处理系统的柴油喷射器位于何处?

A. 涡轮增压器前的排气歧管中

B. 涡轮增压器后的排气歧管中

C. 柴油氧化型催化器（DOC）和 DPF 之间的排气系统中

D. EGR 阀前面的进气系统中

22. 技师 A 说预热塞可用电阻表进行检查。技师 B 说空气入口加热器可用电流钳进行检查。请问谁是正确的?

A. 仅 A 正确

B. 仅 B 正确

C. A 和 B 都正确

D. A 和 B 都不正确

23. 下面有关后处理系统的论述中每一个都是正确的，但除了:

A. 它将炭烟转化为颗粒

B. 它可能需要从车上拆下以便清除 DPF 中的炭烟

C. 它可能需要从车上拆下以便清除 DPF 中的颗粒

D. ECM 使用压差传感器监测 DPF 是否被阻塞

24. 下述所有选项都是 DPF 再生的方式，但除了:

A. 被动

B. 主动

C. 静态

D. 发动机关闭

25. 一台柴油发动机在不到 10000mile 中更换过两组喷油器。两组喷油器都是内部有过大的泄漏。技师 A 说该问题可能是空气滤清器被阻塞了。技师 B 说该问题可能是 DPF 被阻塞了。请问谁是正确的?

A. 仅 A 正确

B. 仅 B 正确

C. A 和 B 都正确

D. A 和 B 都不正确

26. 查阅综合汽车回答这个问题:综合汽车的柴油发动机在加速时冒黑烟。下述选项中哪一个是最不可能的原因?

A. DPF 损坏

B. 排气阻塞

C. 喷油器磨损

D. 喷油器校准编码错误

27. 查阅综合汽车回答此问题:技师读取到有关 DPF 失效的故障码。在发动机各种负荷和转速下检查后处理 DPF 压差传感器的信号电压始终为

0.8V。下述选项中哪一个会是其原因？

A. DPF 阻塞

B. DPF 缺失

C. EGR 通道被阻塞

D. EGR 阀被卡滞

28. 查阅综合汽车（电路图见 33~36 页车辆 OEM 电控系统）回答此问题：ECM 与变速器模块没有通信。哪个数据总线会是故障原因？

A. J1708

B. J1587

C. J1922

D. J1939

29. 查阅综合汽车回答此问题：技师 A 说怠速停机计时器在综合汽车上是一个可调整的参数。技师 B 说发动机最大转速在综合汽车上是一个可调整参数。请问谁是正确的？

A. 仅 A 正确

B. 仅 B 正确

C. A 和 B 都正确

D. A 和 B 都不正确

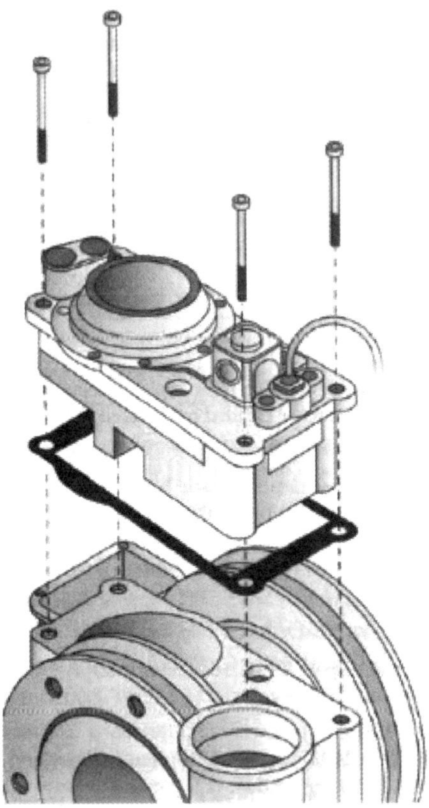

30. 查阅综合汽车回答此问题：参看上图，哪个部件正在被拆下？

A. 后处理喷油器

B. 可变几何参数涡轮增压器（VGT）的执行器

C. 增压传感器

D. 柴油颗粒过滤器（DPF）

31. 查阅综合汽车回答此问题：该车的 EGR 阀无法被打开。在 IX 插接器处有至该阀的信号电压。技师 A 说 EGR 中冷器可能被阻塞。技师 B 说 EGR 的文氏管可能被阻塞。请问谁是正确的？

A. 仅 A 正确

B. 仅 B 正确

C. A 和 B 都正确

D. A 和 B 都不正确

32. 查阅综合汽车回答此问题：一辆汽车停放在车间超过 24h。技师连接诊断工具至发动机系统，并发现冷却液温度和进气温度具有相同的读数。技师 A 说冷却液温度传感器有故障应进行更换。技师 B 说 ECM 的故障可能会导致这种状况。请问谁是正确的？

A. 仅 A 正确

B. 仅 B 正确

C. A 和 B 都正确

D. A 和 B 都不正确

33. 查阅综合汽车（电路图见 33~36 页车辆 OEM 电控系统）回答此问题：技师 A 说 ECM 在其插接器 3 上 79 脚获得不受点火开关控制的蓄电池电源。技师 B 说 ECM 在其插接器 3 上 78 脚获得受点火开关控制的蓄电池电源。请问谁是正确的？

A. 仅 A 正确

B. 仅 B 正确

C. A 和 B 都正确

D. A 和 B 都不正确

34. 查阅综合汽车回答此问题：下述所有选项对测量 ECM 第 79 脚的不受点火开关控制的蓄电池电源线路电压降来讲都是可接受的，但除了：

A. 0.1V

B. 0.01V

C. 1.5V

D. 0.15V

35. 查阅综合汽车回答此问题：在什么状态下排气温度传感器（HETS）温度高的指示灯被点亮？

A. 柴油颗粒过滤器再生（DPFR）状态灯被点亮

B. 排气温度 1（EGT1）高于 850 ℉（454.4℃）和车速低于 5mile/h

C. EGT2 高于 850 ℉和车速低于 5mile/h

D. EGT3 高于 850 ℉和车速低于 5mile/h

36. 查阅综合汽车回答此问题：发动机的 ECM 有一个冷却液温度传感器开路的故障码（DTC）。技师在线束插接器端短接了两端子。此时 ECM 设置了一个冷却液温度传感器短路的故障码。下述选项中哪一个会是其原因？

A. ECM 失效

B. 冷却液温度传感器失效

C. 线束线路故障

D. 进气温度传感器失效

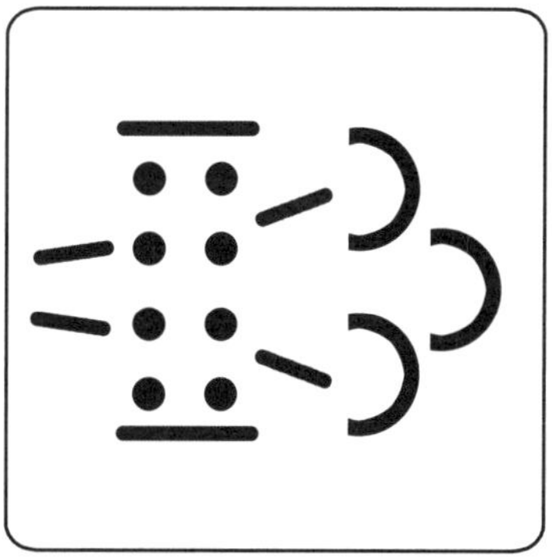

37. 查阅综合汽车回答此问题：参考上图，一辆综合汽车仪表台上的 DPF 状态灯闪烁。下述选项中哪一个是其要表示的？

A. 进气滤清器被阻塞

B. 车厢空气滤清器被阻塞

C. 因是中等增压负荷，DPF 需要再生

D. 该货车应立即停车并拖带至维修厂

38. 查阅综合汽车回答此问题：ECM 在什么温度下将降低发动机 60% 的功率输出？

A. 225 ℉（107.2℃）

B. 230 ℉（110℃）

C. 235 ℉（112.8℃）

D. 240 ℉（115.6℃）

39. 查阅综合汽车回答此问题：下述哪个工具最不可能被用于检查数据总线？

A. 电阻表

B. 电压表

C. 电流表

D. 诊断工具

40. 查阅综合汽车回答此问题：# 5 缸失火。在诊断中，技师测量其喷油器电磁阀的电阻。下述选项中哪一个读数表示喷油器电磁阀是良好的？

A. 0.4Ω

B. 4.0Ω

C. 0.2Ω

D. 22.0Ω

41. 查阅综合汽车回答此问题：该车车速表正显示一个比实际行驶速度快的车速值。所有下述选项会导致这种情况，但除了：

A. ECM 中设置的后桥速比错误。

B. ECM 中设置的轮胎尺寸（r/mile）错误

C. ECM 中设置的变速器尾轴齿数错误

D. ECM 中设置的最大巡航控制错误

42. 查阅综合汽车回答此问题：技师 A 说可编程的发动机怠速转速可被设置在 600~950r/min 之间。技师 B 说最大的取力装置（PTO）转速可被设置在 500~850r/min 之间。请问谁是正确的？

A. 仅 A 正确

B. 仅 B 正确

C. A 和 B 都正确

D. A 和 B 都不正确

43. 查阅综合汽车回答此问题：下列选项中哪一个最正确地描述了综合汽车的燃油系统？

A. 共轨

B. HEUIs

C. PLN-E

D. EUIs

44. 查阅综合汽车回答此问题：技师 A 说发动机机油压力传感器为仪表台的仪表提供信息。技师 B 说加速踏板位置传感器（APP）中有三个电位计。请问谁是正确的？

A. 仅 A 正确

B. 仅 B 正确

C. A 和 B 都正确

D. A 和 B 都不正确

45. 查阅综合汽车回答此问题：综合汽车上的关闭发动机灯开始闪烁并在 30s 后关闭发动机。下述哪个会是其原因？

A. APP 传感器失效

B. 后处理 DPF 入口温度传感器（EGT2）失效

C. 发动机机油温度高

D. 发动机冷却液温度低

模拟考试 2

1. 所有下述选项会直接导致增压压力降低，但除了：

A. 增压空气中冷器管路泄漏

B. 空气滤清器衬垫泄漏

C. 空气滤清器阻塞

D. 柴油颗粒过滤器阻塞

2. 一辆货车因一个未被激活的故障码（EGT1 超出范围）正被进行维修。停放一整夜后，将诊断工具与该车连接。EGT1 的读数为 80℉（26.7℃）；EGT2 的读数为 70℉（21.1℃）；EGT3 的读数为 75 ℉（23.9℃）。下述选项中哪一个最可能是该故障码的原因？

A. EGT1 失效

B. EGT2 失效

C. EGT3 失效

D. EGT1 上的插接器电阻高

3. 下述选项中哪一个最不可能造成功率低？

A. ABS 控制器有故障

B. DPF 被阻塞

C. 发动机冷却风扇离合器卡滞

D. 安装在仪表台上的 ECM 诊断开关有故障

4. 下述哪个选项最不可能与卡滞在打开位置的 EGR 阀相关？

A. 增压压力过高

B. 加速不良

C. 燃油压力过高

D. 燃油压力低

5. 一台柴油发动机机怠速运转 3min 后熄火且不能再次起动。技师 A 说可能是燃油液面低引起的。技师 B 说可能是电子控制模块（ECM）内的怠速停机计时器引起的。请问谁是正确的？

A. 仅 A 正确

B. 仅 B 正确

C. A 和 B 都正确

D. A 和 B 都不正确

6. 技师 A 说 ECM 的截图可以用电子格式与工单一起存储。技师 B 说 ECM 的截图可以保存为一个文件。请问谁是正确的？

A. 仅 A 正确

B. 仅 B 正确

C. A 和 B 都正确

D. A 和 B 都不正确

7. 在一台较新型的柴油发动机上，一个有关可变气门执行器的故障码

（DTC）已经被设置。技师 A 说该可变气门执行器是打开排气门。技师 B 说该可变气门执行器是打开进气门。请问谁是正确的？

A. 仅 A 正确

B. 仅 B 正确

C. A 和 B 都正确

D. A 和 B 都不正确

后处理柴油氧化型催化器（DOC）入口温度	700°F（371.1℃）
后处理柴油颗粒过滤器（DPF）入口温度	600°F（315.6℃）
后处理柴油颗粒过滤器（DPF）出口温度	500°F（260℃）

8. 显示在上面的读数是在静态再生开始 10min 后采集的。它们表明的是下述哪一种情况？

A. 阻塞的 DPF

B. 损坏的 DOC

C. 损坏的 DPF

D. 损坏的 DPF 出口温度传感器

9. 下述所有选项会导致配装电控泵喷嘴（EUI）燃油系统的柴油发动机能转动但不能起动状况，但除了：

A. 燃油液面低

B. ECM 失效

C. 机油压力低

D. 发动机位置传感器失效

10. 在 DPF 静态再生过程中，下述选项通常都将正常，除了________出现

A. 涡轮增压提高

B. 排气温度上升

C. 有关 DPF 的故障码将被设置

D. 燃油将被喷入排气流中

11. 技师 A 说当从燃油系统排出空气时，可能需要松开排空螺钉。技师 B 说当从燃油系统排出空气时，一次转动发动机 4min 是标准的流程。请问谁是正确的？

A. 仅 A 正确

B. 仅 B 正确

C. A 和 B 都正确

D. A 和 B 都不正确

12. 下述问题中的哪一个最不可能设置故障码（DTC）？

A. 后处理喷油器电磁阀开路

B. 后处理喷油器电磁阀短路

C. 发动机制动 on/off 开关打开

D. 发动机位置传感器（EPS2）短路

13. 一辆汽车多次出现一个未激活的故障码，其定义为“冷却液温度传感

器信号不稳定”。下述选项中哪一个是最可能的原因？

A. 进气歧管温度传感器插接器上的插脚松动

B. 冷却液温度传感器插接器上的插脚松动

C. 进气歧管温度传感器失效

D. 冷却液温度传感器失效

14. 参看上图显示的是该仪表板上的灯被点亮。它表示的是下述选项中哪一个？

A. 排气阻力高

B. 排气温度高

C. 进气阻力高

D. 进气温度高

15. 一辆汽车上的发动机无法起动。技师 A 说防盗安全装置会阻止发动机起动。技师 B 说防抱死制动系统（ABS）控制器会阻止发动机起动。请问谁是正确的？

A. 仅 A 正确

B. 仅 B 正确

C. A 和 B 都正确

D. A 和 B 都不正确

16. 技师 A 说绝大多数的 ECM 将保存被激活的故障码的冻结帧数据。技师B说绝大多数ECM将保存未激活的故障码的冻结帧数据。请问谁是正确的？

A. 仅 A 正确

B. 仅 B 正确

C. A 和 B 都正确

D. A 和 B 都不正确

17. 技师已更换失效的气缸衬垫。路试后证实其维修是有效的，ECM 有一个 DPF 损坏的故障码。下述选项中哪一个是最可能的原因？

A. 失效的喷油器

B. 因气缸衬垫失效而泄漏的冷却液对 DPF 造成损害

C. 压缩空气中冷器泄漏

D. 失效的 EGR 阀

18. 遥控取力装置（PTO）的开关不能使 PTO 遥控功能起作用。技师已将诊断工具连接至发动机，并发现 ECM 表明该开关不论在何位置，遥控 PTO 的读数都是“OFF”。下述选项中除了________都是其可能的原因

A. 无电压被提供到 PTO 开关

B. PTO 起动齿轮失效

C. PTO 开关失效

D. ECM 失效

19. 诊断工具不能与发动机通信。下述哪一个选项是最不可能的原因？

A. 燃油箱中的燃油液位低

B. ECM 上没有接地

C. ECM 上没有蓄电池正极电压

D. 数据总线失效

20. 技师 A 说 EGR 阀有助于减少 NOx 的排放。技师 B 说 DPF 有助于减少颗粒的排放。请问谁是正确的？

A. 仅 A 正确

B. 仅 B 正确

C. A 和 B 都正确

D. A 和 B 都不正确

21. 一台装有 EUI 燃油系统的柴油发动机出现 # 2 缸失火。技师更换了其喷油器，但仍出现失火。下述选项中哪一个是最不可能的原因？

A. 凸轮轴凸轮磨损

B. 喷油器线束故障

C. 排气门烧损

D. 燃油供给压力低

22. 一辆综合汽车的柴油发动机有一个未激活的故障码（DTC），其定义为发动机机油温度高。冻结帧数据表明此状态出现时的发动机冷却液温度是 160 ℉（71℃）和进气歧管温度是 100 ℉（37.8℃）。下述选项中哪一个最可能是被存储的 DTC 的原因？

A. 阻塞的散热器

B. 阻塞的废气再循环（EGR）中冷器

C. 失效的冷却液温度传感器

D. 失效的机油温度传感器

23. 查阅综合汽车回答此问题：下述选项中哪一个是可能出现被动再生的最低车速？

A. 10mile/h

B. 25mile/h

C. 30mile/h

D. 45mile/h

24. 查阅综合汽车（电路图见本书 33~36 页）回答此问题：发动机有已激活的 1 和 2“喷油器电流低”的故障码。技师 A 说其原因可能是 ECM 插接器 1 中端子 6 处有开路。技师 B 说可能是发动机接地的 G30 处有开路。请问谁是正确的?

A. 仅 A 正确

B. 仅 B 正确

C. A 和 B 都正确

D. A 和 B 都不正确

25. 查阅综合汽车（电路图见本书 33~36 页）回答此问题：在使用示波器诊断一个加速踏板位置的故障码（DTC）时，技师发现在踏板的所有位置，ECM 插接器 3 的 73 和 81 号端子上都有持续的 5V 电压。下述选项中的哪一个会是其原因?

A. ECM 的 72 号端子处开路

B. ECM 的 72 号端子与地短路

C. ECM 故障

D. APPS（加速踏板位置传感器）失效

26. 查阅综合汽车（电路图见本书 33~36 页）回答此问题：ECM 因为“曲轴箱压力传感器信号被短路为低”。当断开插接器 BX 后，该故障码变为非激活。技师 A 说线束线路开路。技师 B 说该传感器被短路。请问谁是正确的?

A. 仅 A 正确

B. 仅 B 正确

C. A 和 B 都正确

D. A 和 B 都不正确

27. 查阅综合汽车回答此问题：下述选项中除了________以外，其他的都是讲述燃油系统的。

A. 燃油输油泵是机械驱动的

B. 发动机使用 6 个泵喷嘴的 EUI 燃油系统

C. 所有六个喷油器使用共用的电源

D. 燃油温度传感器是一个电位计

28. 查阅综合汽车回答此问题：当牵引一辆汽车上一座小山时，检查发动机指示灯（CEL）和关闭发动机指示灯（SEL）点亮，且发动机输出功率下降。技师 A 说发动机冷却液温度高于 230 ℉（110℃）可能是其原因。技师 B 说进气歧管温度高于 210 ℉（98.9℃）可能是其原因。请问谁是正确的?

A. 仅 A 正确

B. 仅 B 正确

C. A 和 B 都正确

D. A 和 B 都不正确

29. 查阅综合汽车（电路图见本书 33~36 页）回答此问题：环境温度传感器是被多路复用在哪个数据总线上？

A. J1587

B. J1708

C. J1922

D. J1939

30. 查阅综合汽车回答此问题：该综合汽车因功率低多次进厂。下述哪个选项可能是其原因，但除了：

A. EGR 排气温度高

B. 冷却液温度高

C. 冷却液压力高

D. DPF 阻力高

31. 查阅综合汽车回答此问题：一辆货车不能加速到怠速转速以上。下述选项中哪一个会是其原因？

A. APP 传感器信号之一存在故障

B. 发动机机油压力传感器存在故障

C. 冷却液液位低

D. 巡航控制开关存在故障

32. 查阅综合汽车回答此问题：电压表被跨接在离合器踏板开关的端子 A 和端子 B 上。当离合器踏板被释放后，该电压表读数为 0V；当离合器踏板被踏下时，电压表读数为 12V。技师 A 说该开关有故障。技师 B 说该开关对地已开路。请问谁是正确的？

A. 仅 A 正确

B. 仅 B 正确

C. A 和 B 都正确

D. A 和 B 都不正确

33. 查阅综合汽车回答此问题：一台综合汽车的柴油发动机冷却系统中有气泡冒出。气缸衬垫已被更换。进行路试后，冷却系统中仍有空气存在。下述选项中哪一个会是最不可能的原因？

A. 对冷却系统的加注不正确

B. 失效的 EGR 中冷器

C. 气缸盖有裂纹

D. 排气背压高

34. 查阅综合汽车回答此问题：一台综合汽车的柴油发动机功率低。下述选项中哪一个是最不能的原因？

A. 起动时燃油压力是 10lbf/in^2

B. 额定转速时燃油压力是 80lbf/in^2

C. 冷却液温度是 235 ℉（112.8℃）

D. 发动机机油温度是 245 ℉（118.3℃）

35. 查阅综合汽车（电路图见本书 33~36 页）回答此问题：技师 A 说电路 178 开路会导致无起动的状况。技师 B 说电路 171 开路会导致无法起动的状况。请问谁是正确的？

A. 仅 A 正确

B. 仅 B 正确

C. A 和 B 都正确

D. A 和 B 都不正确

36. 查阅综合汽车回答此问题：技师 A 说发动机冷却风扇在所有时间都运转可能是因离合器卡死导致的。技师 B 说发动机冷却风扇在所有时间都运转可能是进气歧管压力传感器失效造成的。请问谁是正确的？

A. 仅 A 正确

B. 仅 B 正确

C. A 和 B 都正确

D. A 和 B 都不正确

37. 查阅综合汽车（电路图见本书 33~36 页）回答此问题：发动机有一个定义为 EGR 阀没有通信的故障码（DTC）。其原因应是下述选项中哪一个？

A. VGT 卡滞在打开位置

B. EGR 阀卡滞在关闭位置

C. 插接器 IX 插脚 2 开路

D. 插接器 KX 插脚 1 短路

38. 查阅综合汽车（电路图见本书 33~36 页）回答此问题：一台综合汽车存在 # 5 缸和 # 6 缸失火的问题。下述选项中任一个都可能是其原因，但除了：

A. 气缸衬垫泄漏

B. 铰接点 S11 处开路

C. # 4 气缸喷油器的下压螺栓松动

D. 铰接点 S13 处开路

39. 查阅综合汽车回答此问题：下述的发动机机油压力状态中哪一个将导致发动机降低功率，但不会关机？

A. 7lbf/in^2@ 1000r/min

B. 18lbf/in^2@ 1000r/min

C. 20lbf/in^2@ 1400r/min

D. 10lbf/in^2@ 1400r/min

40. 查阅综合汽车（电路图见本书 33~36 页）回答此问题：在任何点火开关位置，SEL 和 CEL 指示灯都不点亮，除此之外发动机工作正常。其原因会是下述选项中的哪一个？

A. ECM 插接器 3 的 41 插脚开路

B. ECM 插接器 3 的 42 插脚开路

C. 铰接点 S36 开路

D. 电路 148 开路

41. 查阅综合汽车回答此问题：下述选项中哪一个最不可能引起 CEL 指示灯被点亮？

A. 冷却液液位高

B. 冷却液液位低

C. 机油油位低

D. 燃油温度高

42. 查阅综合汽车（电路图本书 33~36 页）回答此问题：当用诊断工具指令 EGR 动作时没有反应。而 VGT 可正常工作。其原因会是下述选项中哪一个？

A. 电路 314 开路

B. 电路 313 开路

C. 电路 320 开路

D. 电路 315 开路

43. 查阅综合汽车回答此问题：技师 A 说综合汽车的柴油发动机配备的是无回油的燃油系统。技师 B 说燃油温度传感器位于初级燃油滤清器中。请问谁是正确的？

A. 仅 A 正确

B. 仅 B 正确

C. A 和 B 都正确

D. A 和 B 都不正确

44. 查阅综合汽车回答此问题：发动机冷却风扇在所有时间都运转。技师 A 说进气歧管温度传感器失效可能是其原因。技师 B 说冷却液温度传感器失效可能是其原因。请问谁是正确的？

A. 仅 A 正确

B. 仅 B 正确

C. A 和 B 都正确

D. A 和 B 都不正确

45. 查阅综合汽车回答此问题：一台综合柴油发动机无法起动。在发动机转动过程中，排气没有烟雾。技师 A 说这表明没有燃油供给发动机。技师 B 说发动机位置传感器失效可能是无法起动的原因。请问谁是正确的？

A. 仅 A 正确

B. 仅 B 正确

C. A 和 B 都正确

D. A 和 B 都不正确

模拟考试 3

1. 因进气歧管压力低正对发动机进行诊断。技师发现涡轮增压器的叶轮严重磨损。其原因可能是下述哪一个选项?

A. 空气滤清器损坏

B. 废气再循环(EGR)阀卡滞在关闭位置

C. 涡轮增压器废气门卡滞在打开位置

D. 后处理喷油器失效

2. 一台柴油发动机无法起动。技师发现一个与 1、3、5、和 7 缸的预热塞相关的激活的故障码(DTC)。下述选项中的哪一个最不可能是无法起动的原因?

A. 乙醚喷射电磁阀存在故障

B. 预热塞线束线路开路

C. 压缩压力低

D. 预热塞控制器存在故障

3. 下述选项中除了________都会导致活塞烧熔

A. 断裂的排气摇杆(exhaust rocher)

B. 卡滞在打开位置的喷油器

C. 卡滞在关闭位置的喷油器

D. 错位的活塞冷却喷嘴

4. 一台装有自动变速器的货车不能换入档位。技师 A 说失效的离合器开关可能是其原因。技师 B 说失效的巡航控制开关可能是其原因。请问谁是正确的?

A. 仅 A 正确

B. 仅 B 正确

C. A 和 B 都正确

D. A 和 B 都不正确

5. 技师 A 说排气歧管松动会导致进气歧管压力低。技师 B 说进气歧管松动会导致进气歧管压力低。请问谁是正确的?

A. 仅 A 正确

B. 仅 B 正确

C. A 和 B 都正确

D. A 和 B 都不正确

6. 技师 A 说有故障的 APP 会导致无法起动。技师 B 说环境温度传感器会导致无法起动。请问谁是正确的?

A. 仅 A 正确

B. 仅 B 正确

C. A 和 B 都正确

D. A 和 B 都不正确

7. 参看上图，显示的喷油器正被更换。作为维修作业的一部分，最不可能被执行的是下述选项中哪一个？

A. 喷油器校准编码可能需要写入 ECM

B. 喷油器摇杆必须被调整

C. 可能需要从 ECM 删除故障码（DTC）

D. 在更换喷油器后应对发动机进行运转测试

8. 一台柴油发动机发出敲击噪声。技师使用诊断工具进行了断缸测试。当＃4 气缸被停用时，该敲击声消失。技师 A 说失效的扭转减振器可能是其原因。技师 B 说失效的双质量飞轮可能是其原因。请问谁是正确的？

A. 仅 A 正确

B. 仅 B 正确

C. A 和 B 都正确

D. A 和 B 都不正确

9. 技师 A 说可变气门执行器系统使用制动系统的压缩空气进行操作。技师 B 说可变气门执行器系统仅在发动机制动工作时才工作。请问谁是正确的？

A. 仅 A 正确

B. 仅 B 正确

C. A 和 B 都正确

D. A 和 B 都不正确

10. 驾驶人抱怨其货车上的巡航控制和车速表不起作用。但防抱死制动系统（ABS）工作正常。下述选项中的哪一个可能是其原因？

A. J1939 数据总线开路

B. J1939 数据总线短路

C. 车速传感器（VSS）开路

D. 巡航开关短路

11. 一台发动机因增压压力低的抱怨已经更换过涡轮增压器。维修后进行路试，技师发现该发动机增压压力仍然低。最不可能的原因是下述选项中哪一个？

A. 燃油滤清器阻塞

B. 空气滤清器阻塞

C. DPF 阻塞

D. 机油回流管路阻塞

12. 一辆汽车仪表板上的“OPT IDLE”指示灯被点亮。它表明的是下述选项中哪一个？

A. 该车发动机将在低于正常转速的转速空转

B. 遥控节气门被结合

C. APP 已设置故障码且该车仅运转在怠速状态

D. 该货车将关机并自动重新起动

13. EGR 系统因 EGR 空气流量控制（节气门）阀的问题被设置了一个激活的故障码（DTC）。最不可能的原因是下述选项中哪一个？

A. 节气门阀动作受阻

B. 节气门位置传感器（TPS）卡滞

C. APP 传感器卡滞

D. 节气门阀线束短路

14. 技师 A 说巡航控制开关有时可被用于改变怠速转速。技师 B 说巡航控制开关可被用于调整最大转速。请问谁是正确的？

A. 仅 A 正确

B. 仅 B 正确

C. A 和 B 都正确

D. A 和 B 都不正确

15. 一辆装有液压驱动电控泵喷嘴（HEUI）燃油系统的汽车怠速不良和输出功率低。下述选项中除了________外的都会导致此问题。

A. 需要更换发动机机油

B. 喷油器磨损

C. 喷油器控制压力（ICP）传感器失效

D. 涡轮增压器废气门卡滞在打开位置

16. 技师 A 说电路中的电阻越大，电流越大。技师 B 说若电压提高，而电阻不变，则电流将增加。请问谁是正确的？

A. 仅 A 正确

B. 仅 B 正确

C. A 和 B 都正确

D. A 和 B 都不正确

17. 参阅综合汽车（电路图见本书 33~36 页）回答此问题：下述选项除了________外的都会导致曲轴箱通风系统的故障码。

A. 电路 302 开路

B. 电路 305 开路

C. 曲轴箱过滤器阻塞

D. 曲轴箱过滤器缺失

18. 参考综合汽车的发动机回答此问题：一辆综合汽车的发动机设置有 EGR 压差传感器的故障码。技师更换了该传感器并删除了该故障码。路试后，一个激活的有关 EGR 压差传感器的故障码再次出现。下述选项中的哪一个是最可能的原因？

A. 失效的 EGR 压差传感器

B. 阻塞的传感器管路

C. 失效的 DPF

D. 失效的 DOC

19. 参考综合汽车（电路图见本书 33~36 页）回答此问题：发动机制动完全不工作。下述选项中的哪一个会是其原因？

A. ECM 插接器 1 的插脚 9 电路开路

B. ECM 插接器 1 的插脚 10 电路开路

C. ECM 插接器 1 的插脚 11 电路开路

D. ECM 插接器 1 的插脚 12 电路开路

20. 参考综合汽车回答此问题：检查发动机指示灯（CEL）和关闭发动机指示灯（SEL）点亮，且 30s 后发动机关机。技师连接诊断工具并发现数据流中指示的机油压力低。连接机械压力表并得到发动机 600r/min 时的机油压力读数是 $20lbf/in^2$。下述选项中哪一个会是关机的原因？

A. 曲轴主轴承磨损

B. 机油泵磨损

C. 机油压力传感单元失效

D. 压力安全释放阀卡滞在打开位置

21. 参考综合汽车回答此问题：技师 A 说在怠速停机的 30s 前，CEL 指示灯将开始闪烁。技师 B 说操作者可通过踏下行车制动器踏板来撤销怠速停机计时器。请问谁是正确的？

A. 仅 A 正确

B. 仅 B 正确

C. A 和 B 都正确

D. A 和 B 都不正确

22. 参考综合汽车回答此问题：技师 A 说失效的进气歧管温度传感器会导致发动机冷却风扇始终运转。技师 B 说失效的发动机位置传感器会造成发动机冷却风扇始终运转。请问谁是正确的？

A. 仅 A 正确

B. 仅 B 正确

C. A 和 B 都正确

D. A 和 B 都不正确

23. 参考综合汽车（电路图见本书 33~36 页）回答此问题：在插接器 SX 插脚 6 存在开路。下述选项中的哪一个是最可能的结果？

A. ECM 将开始执行 DPF 的一个主动再生

B. HETS 指示灯将开始闪烁

C. ECM 将开始执行 DPF 的一个被动再生

D. SEL 指示灯将点亮

24. 参考综合汽车（电路图见本书 33~36 页）回答此问题：使用 PTO 远程开关，取力器（PTO）在远程模式下工作正常，但使用安装在驾驶舱内的 PTO 开关，该取力器（PTO）不工作。下述选项中除了________都会导致此情况

A. 电路 171 开路

B. ECM 插接器 3 的插脚 71 开路

C. PTO 开关失效

D. 电路 170 开路

25. 参考综合汽车回答此问题：诊断工具可与发动机 ECM 通信，但不能与货车上的其他控制模块通信。下述选项中哪一个会是其原因？

A. 插接器 XX 上的电路开路

B. 电路 562 开路

C. 电路 561 开路

D. 插接器 YX 的端子 B 电路开路

26. 参考综合汽车回答此问题：因怠速粗暴和在各缸做功一致性测试中 # 3 缸性能不良而更换了 # 3 喷油器。在路试过程中，技师发现该问题仍然存在。最不可能的原因是下述选项中哪一个？

A. 用新喷油器的校准编码写入 ECM 失败

B. 正确设置喷油器高度失败

C. 初级燃油滤清器阻塞

D. 喷油器凸轮磨损

27. 参考综合汽车回答此问题：显示在上图中的指示灯正在闪烁。它表明的是什么？

A. 排气温度（ETG3）已表明温度高于 850 ℉（454.4℃）。

B. DPF 压力差高于正常值

C. 冷却液温度高于 245 ℉（118.3℃）

D. ECM 已存储了非激活的故障码

28. 参考综合汽车回答此问题：下述选项中哪一个是喷油器电阻的正确值？

A. 0.05~0.5 Ω

B. 0.5~5.0 Ω

C. 5.0~50.0 Ω

D. 50.0~500.0Ω

29. 参考综合汽车回答此问题：驾驶人抱怨功率低和燃油经济性差。技师A说发动机冷却风扇控制开关短路将导致发动机冷却风扇连续运转。技师B说发动机冷却风扇电磁阀电阻过大会造成发动机冷却风扇连续运转。请问谁是正确的?

A. 仅A正确

B. 仅B正确

C. A和B都正确

D. A和B都不正确

30. 参考综合汽车回答此问题：技师A说车速传感器的电阻应在100~1000Ω之间。技师B说车速传感器是一个三线的传感器。请问谁是正确的?

A. 仅A正确

B. 仅B正确

C. A和B都正确

D. A和B都不正确

31. 参考综合汽车回答此问题：技师A说冷却液液位传感器与其他开关共用一个地线。技师B说冷却液液位传感器插接器是K。请问谁是正确的?

A. 仅A正确

B. 仅B正确

C. A和B都正确

D. A和B都不正确

32. 参考综合汽车回答此问题：技师正在测量两电阻安装到位情况下的J1939数据总线终端电阻。下述选项中哪一个表明电阻是正确的?

A. 60 Ω

B. 120Ω

C. 240Ω

D. 360Ω

33. 参考综合汽车（电路图见本书33~36页）回答此问题：技师正排除J1939数据总线上没有通信的故障。技师A说J1939数据总线上两个终端电阻之一位于可变几何尺寸涡轮增压器（VGT）执行器中。技师B说J1939数据总线的电路连接在ECM插接器XX的A和B端子上。请问谁是正确的?

A. 仅A正确

B. 仅B正确

C. A和B都正确

D. A和B都不正确

34. 参考综合汽车回答此问题：技师A说阻塞的后处理喷油器会导致#5缸失火。技师B说阻塞的后处理喷油器会导致燃油系统压力低。请问谁是正确的?

A. 仅A准确

B. 仅B正确

C. A 和 B 都正确

D. A 和 B 都不正确

35. 参考综合汽车回答此问题：技师 A 说激活的故障码是由被点亮的关闭发动机指示灯（SEL）来表明的。技师 B 说非激活的故障码是由被点亮的检查发动机指示灯（CEL）来表明的。请问谁是正确的？

A. 仅 A 正确

B. 仅 B 正确

C. A 和 B 都正确

D. A 和 B 都不正确

36. 参考综合汽车的发动机回答此问题：下述选项中除了________都会引起综合汽车的发动机关机

A. 怠速关机计时器

B. 冷却液温度高

C. 后处理喷油器阻塞

D. 机油压力低

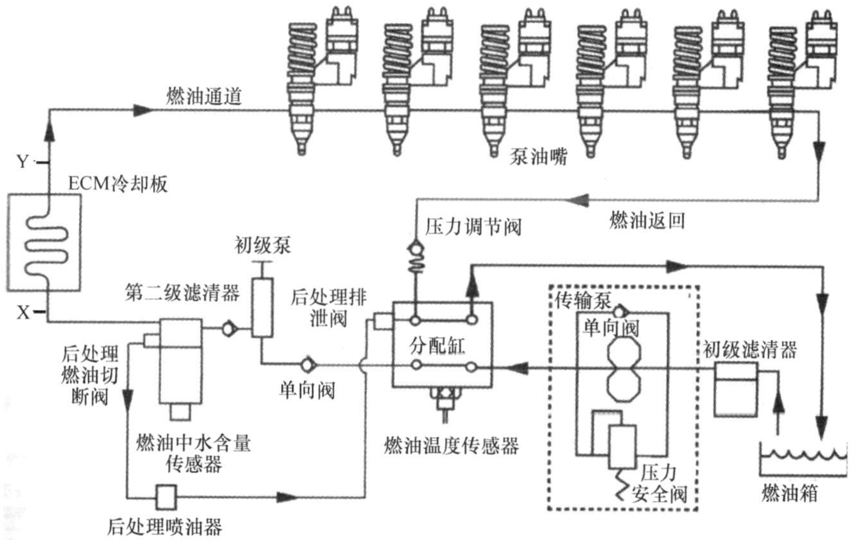

37. 参考综合汽车的发动机回答此问题：参看上图，一辆综合汽车的发动机输出功率低。在发动机额定转速下，连接在 X 点的仪表显示 45lbf/in^2，连接在 Y 点的仪表显示 44lbf/in^2。下述选项中的哪一个最不可能是功率低的原因？

A. 被阻塞的 ECM 冷却板

B. 被阻塞的第二级滤清器

C. 磨损的传输泵

D. 卡滞在打开位置的压力调节阀

38. 参考综合汽车（电路图见本书 33~36 页）回答此问题：技师正在诊断 APP1 的故障码。当在 ECM 插接器 3 的端子 73 上检查电压时，技师发现 0% 节气门开度时的电压是 0.5V，100% 节气门开度时的电压是 1.0V。该故障码的原因会是下述选项中的哪一个?

A. 电路 172 开路

B. 电路 173 开路

C. APP1 已失效

D. APP2 已失效

39. 参考综合汽车回答此问题：一台发动机无法起动。当打开点火开关，发动机未起动时，技师在 ECM 插接器 3 的端子 80 上发现 0.1V 的电压。当转动发动机时，该端子的电压升高至 5.5V。下述选项中的哪一个最不可能是造成无法起动的根源?

A. 电路 180 上有电压降

B. G30 松动

C. S50 被腐蚀

D. 电路 179 上有电压降

40. 参考综合汽车回答此问题：下述选项中哪一个进气歧管压力传感器的读数是可接受的?

A. 4.0 V——在 50lbf/in^2 时

B. 3.3 V——在 37.5lbf/in^2 时

C. 2.5 V——在 25lbf/in^2 时

D. 1.5 V——在大气压力时

41. 参考综合汽车回答此问题：一台综合汽车的柴油发动机无法起动。下述选项中除了________都会导致无法起动

A. ECM 电源是 8.0V 的电压

B. ECM 电源时 17.0V 的电压

C. 每个喷油器的电阻是 30.0Ω

D. 喷油器的电源是 120V

42. 参考综合汽车回答此问题：技师 A 说 275 ℉（135℃）的燃油温度传感器信号或许表明该传感器的阻值高。技师 B 说该燃油系统被用于冷却发动机的 ECM。请问谁是正确的?

A. 仅 A 正确

B. 仅 B 正确

C. A 和 B 都正确

D. A 和 B 都不正确

43. 参考综合汽车回答此问题：下述选项中哪一个进气温度传感器的阻值是可接受的?

A. 6~160Ω

B. 600~16000Ω

C. 600~1600Ω

D. 6000~16000Ω

44. 参考综合汽车回答此问题：下述选项中哪一个最不可能导致功率低的抱怨?

A. 电路 152 开路

B. 电路 16 开路

C. 在额定转速下 45lbf/in^2 的燃油压力

D. EGR 压差传感器失效

45. 参考综合汽车的发动机回答此问题：驾驶人抱怨怠速停机计时器不起作用。下述选项中除了________都可能会是问题

A. 存在一个激活的车速传感器故障

B. 环境空气温度是 35 ℉（1.7℃）

C. 发动机冷却液温度是 135 ℉（57.2℃）

D. 行车制动踏板被踩下

模拟考试 4

1. 一台柴油发动机起动转速慢且无法起动。技师 A 说蓄电池电压低或许是其原因。技师 B 说蓄电池正极电缆上电压降过大会是其原因。请问谁是正确的?

A. 仅 A 正确

B. 仅 B 正确

C. A 和 B 都正确

D. A 和 B 都不正确

1 缸	15A
2 缸	15A
3 缸	0A
4 缸	0A
5 缸	0A
6 缸	0A
7 缸	0A
8 缸	0A

2. 参考上面的诊断测量表，一台装有预热塞的柴油发动机在寒冷天气下无法起动。使用诊断工具和电流钳测量了每个预热塞的工作电流。下述选项中哪一个是起动困难的最可能原因?

A. 预热塞计时器开路

B. 预热塞开路

C. 压缩压力低

D. 发动机位置传感器失效

3. 技师向安装在发动机上的 ECM 上传了一个新的校准文件。下述选项中哪一个通常是此维修作业中的一部分?

A. 在刷新过程中，需拆下蓄电池负极电缆

B. 在刷新过程中，需拆下蓄电池正极电联

C. 在刷新过程中，需将蓄电池保持器（低率充电器）连接在蓄电池上

D. 在刷新过程中，需将高率充电器连接在蓄电池上

4. 下述选项中哪一个最不可能导致柴油发动机起动失败?

A. 燃油压力低

B. 燃油液位低

C. 发动机位置传感器开路

D. 车速传感器（VSS）开路

5. VGT 上的摆动叶片被卡滞。下述选项中哪一个会是最不可能出现的结果?

A. 存有激活的 VGT 无通信的故障码（DTC）

B. 存有激活的 VGT 位置传感器的故障码（DTC）

C. 功率降低

D. 加速不良

6. 技师正在进行 DPF 的静态再生。下述的温度是在再生开始后 15min 被记录的：

EGT1=660 ℉（348.9℃）

EGT2= 900 ℉（482.2℃）

EGT3=975 ℉（523.9℃）

下述哪一个是正确的?

A. EGT1 高于正常值

B. EGT2 高于正常值

C. 所有 EGT 都是正常的

D. EGT3 高于正常值

7. 技师 A 说对装有排气后处理装置的货车应使用水压计测量其排气背压。技师 B 说比正常值高的排气背压可能是由 DPF 缺失所造成的。请问谁是正确的?

A. 仅 A 正确

B. 仅 B 正确

C. A 和 B 都正确

D. A 和 B 都不正确

8. 一台装有液压驱动的电控泵喷嘴燃油系统的发动机无法起动。技师 A 说失效的压力调节器（IPR）可能是其原因。技师 B 说进气歧管压力传感器

开路可能是其原因。请问谁是正确的？

A. 仅 A 正确

B. 仅 B 正确

C. A 和 B 都正确

D. A 和 B 都不正确

9. 驾驶人抱怨汽车上的巡航控制和怠速停机计时器不工作。下述选项中哪一个是最不可能的原因

A. 卡滞的脚踏制动阀

B. 失效的 VSS

C. 失效的加速踏板位置（APP）传感器

D. 卡滞的巡航控制开关

10. 技师 A 说可使用诊断工具进行 DPF 的静态再生。技师 B 说可使用仪表台上的开关进行 DPF 的静态再生。请问谁是正确的？

A. 仅 A 正确

B. 仅 B 正确

C. A 和 B 都正确

D. A 和 B 都不正确

11. 一台柴油发动机的气缸压缩制动弱。技师在发动机制动电磁阀上测量电压，发现三个电磁阀上的电压都在规范值内。下述选项中哪一个最不可能是压缩制动性能不良的原因？

A. 压缩制动的调整不正确

B. 一个压缩制动电磁阀开路

C. 主活塞密封泄漏

D. 制动选择器开关开路

12. 在冷却系统压力测试中，该冷却系统不能保持住压力。其原因可能是下述选项中哪一个？

A. ECM 冷却器泄漏

B. EGR 冷却器泄漏

C. 压缩空气冷却器泄漏

D. 动力转向冷却器泄漏

13. 技师 A 说损坏的 DPF 会导致发动机功率低。技师 B 说损坏的 DOC 会造成发动机功率低。请问谁是正确的？

A. 仅 A 正确

B. 仅 B 正确

C. A 和 B 都正确

D. A 和 B 都不正确

14. 一台柴油发动机不能起动。当技师从 ECM 处断开压力和温度传感器的 5V 参考电压线后，发动机起动。技师 A 说 ECM 有故障。技师 B 说 5V 参考电压电路短路。请问谁是正确的？

A. 仅 A 正确
B. 仅 B 正确
C. A 和 B 都正确
D. A 和 B 都不正确

15. 一台柴油发动机无法起动。其原因会是下述选项中的哪一个？
A. 有故障的 DPF 压差传感器
B. 失效的发动机位置传感器
C. 卡滞在关闭位置的后处理喷油器
D. 卡滞在关闭位置的后处理燃油切断阀

16. ECM 存有发动机机油温度、环境空气温度和进气歧管温度的故障码。其冻结帧数据表明这些故障码都是在同一时间被设置的。其原因会是下述选项中的哪一个？
A. 发动机机油温度传感器开路
B. 共用的 5V 参考电压开路
C. 进气歧管温度传感器信号线开路
D. 汽车过热

17. 参看右图，技师 A 说图示的喷油器是使用发动机机油来建立高压燃油喷射的。技师 B 说该喷油器是使用凸轮轴凸轮和摇臂来建立高压的。请问谁是正确的？
A. 仅 A 正确
B. 仅 B 正确
C. A 和 B 都正确
D. A 和 B 都不正确

18. 参照综合汽车回答此问题：客户抱怨车速表读数不正确。其原因可能是下述选项中的任意一个，除了________。
A. 轮胎每英里的转数设置在 600
B. 尾轴齿数设置在 18
C. 后桥速比设置在 5 ∶ 1
D. 无车速传感器（VSS）的发动机最高转速设置在 2000r/min

19. 参照综合汽车回答此问题：ECM 设置了一个 VGT 执行器电动机无响应的故障码。最不可能的原因会是下述中哪一个选项？
A. VGT 执行器臂受阻
B. VGT 喷嘴环卡滞
C. VGT 摆动叶片卡滞
D. VGT 电动机卡滞

20. 参照综合汽车回答此问题：如上图显示，安装在仪表板上的 SEL 灯和上面图示的灯被点亮。它表示的含义是什么？

A. 等级 1 的炭烟负荷

B. 等级 2 的炭烟负荷

C. 等级 3 的炭烟负荷

D. 等级 4 的炭烟负荷

21. 参照综合汽车回答此问题：下述选项都会导致综合汽车柴油发动机的 # 3 缸失火，除了________。

A. ECM 冷却板被阻塞

B. 喷油器弹簧断裂

C. 进气凸轮磨损

D. 排气凸轮磨损

22. 参照综合汽车回答此问题：技师 A 说气缸衬垫反复损坏可能是因冷却系被阻塞所导致的。技师 B 说气缸衬垫反复损坏是因初级燃油滤清器被阻塞所致的。请问谁是正确的？

A. 仅 A 正确

B. 仅 B 正确

C. A 和 B 都正确

D. A 和 B 都不正确

23. 参照综合汽车回答此问题：一台柴油发动机不进行 DPF 的静态再生。技师 A 说被阻塞的 EGR 通道可能是其原因。技师 B 说有故障的后处理喷油器可能是其原因。请问谁是正确的？

A. 仅 A 正确

B. 仅 B 正确

C. A 和 B 都正确

D. A 和 B 都不正确

24. 参照综合汽车回答此问题：一辆汽车设置了与 EGR 阀位置有关的故障码。在诊断过程中，技师发现不论发动机的转速和负荷如何变化，EGR 阀位置传感器的电压始终是 2.5V。技师 A 说 EGR 法被卡滞在全关位置。技师 B 说 EGR 阀的 J1939 数据总线线路开路。请问谁是正确的?

A. 仅 A 正确

B. 仅 B 正确

C. A 和 B 都正确

D. A 和 B 都不正确

25. 参照综合汽车回答此问题：一辆综合汽车正在进行排放废物处理。技师发现柴油颗粒过滤器（DPF）每两天必须使用诊断工具进行静态再生一次。下述选项中除了________都可能是故障原因。

A. 移动 / 主动再生已被禁用

B. 排气温度高的指示灯已被禁用

C. DPF 再生准许开关已被禁用

D. 取力器（PTO）模式中的静态再生已被禁用

26. 参照综合汽车回答此问题：使用仪表台上的开关不能使发动机冷却风扇电磁阀吸合。当用诊断工具指令时工作正常。技师 A 说该开关可能卡滞在闭合位置。技师 B 说其原因可能是发动机冷却风扇电磁阀故障。请问谁是正确的?

A. 仅 A 正确

B. 仅 B 正确

C. A 和 B 都正确

D. A 和 B 都不正确

27. 参照综合汽车（电路图见本书 33~36 页）回答此问题：下述选项中除了________都将导致发动机制动功能不良。

A. ECM 插接器 1 插脚 9 的线路开路

B. ECM 插接器 1 插脚 10 的线路开路

C. ECM 插接器 1 插脚 11 的线路开路

D. ECM 插接器 1 插脚 12 的线路开路

# 1 缸	100r/min
# 2 缸	100r/min
# 3 缸	10r/min
# 4 缸	10r/min
# 5 缸	100r/min
# 6 缸	100r/min

28. 参照综合汽车回答此问题：上面表是一辆综合汽车进行功率一致性测试的测量结果。最可能的故障原因是下述选项中哪一个?

A. 气缸盖衬垫泄漏

B. EGR 中冷器衬垫泄漏

C. 铰接点 S11 处开路

D. 铰接点 S13 处开路

29. 参照综合汽车回答此问题：诊断开关被按下。SEL 和 CEL 两指示灯立即点亮并随后熄灭。其原因会是下述选项中的哪一个？

A. 有多个激活的故障码

B. 有多个非激活的故障码

C. 没有故障码

D. ECM 有故障

30. 参照综合汽车回答此问题：下述选项中除了________都是综合汽车上的可编程参数。

A. 怠速停机手动撤销

B. 风扇接通的最小时间

C. 轮胎尺寸

D. 转向盘直径

31. 参照综合汽车回答此问题：技师 A 说环境空气温度传感器的线路是直接连接在 ECM 上的。技师 B 说在 90 ℉（32.2℃）时的环境空气温度传感器的电压应是 3.0V。请问谁是正确的？

A. 仅 A 正确

B. 仅 B 正确

C. A 和 B 都正确

D. A 和 B 都不正确

32. 参照综合汽车回答此问题：技师 A 说失效的冷却液温度传感器会阻止 DPF 的再生。技师 B 说失效的冷却液温度传感器会导致仪表板上的温度表读数错误。请问谁是正确的？

A. 仅 A 正确

B. 仅 B 正确

C. A 和 B 都正确

D. A 和 B 都不正确

33. 参照综合汽车回答此问题:控制风扇的 A/C 压力开关已被设置为停用。最不可能出现的是下述选项中的哪一个？

A. A/C 在低的车速时工作不良

B. A/C 在高的车速时工作不良

C. A/C 高压侧的压力将高于正常值

D. A/C 压力开关将断开

34. 参照综合汽车（电路图见本书 33~36 页）回答此问题：ECM 设置了一个激活的 EGT1 温度低于正常值的故障码。下述选项中的哪一个会是其原因？

A. 插接器 SX 开路

B. 电路 555 开路

C. ECM 插脚 456 处的线路开路

D. 电路 556 对地短路

燃油温度传感器被连接	0.0V
燃油温度传感器被断开并短路	5.0V

35. 参考综合汽车回答此问题：有一个激活的燃油温度传感器的故障码。技师连接诊断工具并监测该燃油温度传感器分别在连接和断开时的电压。其测试结果被列于上表中。下述选项中的哪一个是该激活的故障码的原因？

A. 燃油温度比正常值高

B. 燃油温度比正常值低

C. 燃油温度传感器开路

D. 燃油温度传感器短路

36. 参考综合汽车回答此问题：下述选项中除了________外对排气温度（EGT）传感器来讲都是准确的。

A. EGT1 也被称作后处理柴油氧化型催化器（DOC）入口温度传感器

B. EGT2 也被称作后处理 DPF 入口温度传感器

C. EGT3 也被称作后处理 DPF 出口温度传感器

D. 过热的 EGT1 将点亮排气系统温度高（HEST）的指示灯

37. 参考综合汽车回答此问题：达到编程设置的时间后，怠速停机计时器不关闭汽车发动机。技师 A 说其原因是环境温度低。技师 B 说其原因是环境温度高。请问谁是正确的？

A. 仅 A 正确

B. 仅 B 正确

C. A 和 B 都正确

D. A 和 B 都不正确

加速踏板位置（APP）	0%
发动机转速	200r/min
凸轮轴位置传感器 / 发动机位置信号 1（CMP/EPS1）	No
曲轴位置传感器 / 发动机位置信号 2（CKP/EPS2）	Yes
发动机冷却液液位	正常

38. 参考综合汽车回答此问题：一台综合汽车的发动机无法起动。上面表中是诊断工具在起动发动机时记录的数据。其原因可能是下述选项中的哪一个？

A. APP 传感器有故障

B. EPS1 有故障

C. EPS2 有故障

D. 冷却液的液位低

39. 参照综合汽车（电路图见本书 33~36 页）回答此问题：技师 A 说线

束插接器 IX 是位于排气再循环（EGR）阀电动机上。技师 B 说线束插接器 JX 是可变几何尺寸涡轮增压器（VGT）执行器上的一个引线插接器。请问谁是正确的?

A. 仅 A 正确

B. 仅 B 正确

C. A 和 B 都正确

D. A 和 B 都不正确

40. 参考综合汽车回答此问题：下述信号中的哪一个将被认为超出规定值的范围?

A. 1000 ℉（537.8℃）的后处理 DOC 入口温度

B. 28in.Hg 的后处理 DPF 压差

C. 1400 ℉（760℃）的 DPF 出口温度

D. 300lbf/in^2 的后处理燃油压力

41. 参考综合汽车回答此问题：仪表板上的机油压力表显示机油压力低。但诊断工具显示机油压力正常。技师 A 说机油压力传感器可能有故障。技师 B 说 ECM 的电路 118 上可能电阻过高。请问谁是正确的?

A. 仅 A 正确

B. 仅 B 正确

C. A 和 B 都正确

D. A 和 B 都不正确

42. 参考综合汽车回答此问题：下述选项中除了________对综合汽车的燃油系统来讲都是正确的。

A. 燃油输油泵是机械式的

B. 喷油器是成对工作的

C. 喷油器 1 和 2 使用一个共用电源

D. 系统使用第一级和第二级燃油滤清器

43. 参考综合汽车回答此问题：下述选项中哪一个最不可能导致仪表盘的冷却液温度表显示高于正常工作的冷却液温度?

A. 散热器中的冷却液芯管被阻塞

B. 发动机冷却液温度（ECT）传感器的阻值高于正常值

C. 通过压缩空气中冷器的外部通道被阻塞

D. 水泵叶轮被损坏

44. 参照综合汽车（电路图见本书 33~36 页）回答此问题：有一个激活的排气背压高于正常范围的故障码。其原因可能是下述选项中任何一个，除了________。

A. DOC 被阻塞

B. 插接器 AX 的端子 1 和 3 之间短路

C. 插接器 AX 的端子 1 和 2 之间短路

D. DPF 被阻塞

45. 参考综合汽车回答此问题：一辆综合汽车停放一夜后起动困难。为解决此问题，技师应做什么？

A. 建议驾驶人向进气歧管喷入乙醚以帮助起动发动机

B. 使用手动初级输油泵以便确定燃油系统是否已没有燃油

C. 拆卸喷油器并在台架上进行测试

D. 更换 ECM 冷却板

模拟考试 5

1. 技师 A 说被阻塞的空气滤清器可导致加速慢。技师 B 说被阻塞的柴油氧化型催化器（DOC）可导致加速慢。请问谁是正确的？

A. 仅 A 正确

B. 仅 B 正确

C. A 和 B 都正确

D. A 和 B 都不正确

EGR 温度	70 ℉（21.1℃）
冷却液温度	50 ℉（10℃）
机油温度	70 ℉（21.1℃）
环境空气温度	70 ℉（21.1℃）

2. 参看上表。驾驶人抱怨该车燃油经济性不良。在汽车停放 24h 后，技师连接诊断工具并确认没有激活或非激活的故障码，然后采集到上表中的传感器读数。技师 A 说冷却液已被稀释，需要放出并重新加注。技师 B 说环境空气温度传感器被指明其温度不正确并需要更换。请问谁是正确的？

A. 仅 A 正确

B. 仅 B 正确

C. A 和 B 正确

D. A 和 B 都不正确

3. 在下述的进气阻力测试结果中哪一个表明该空气滤清器需要被更换？

A. 5in.H_2O

B. 1in. Hg

C. 25in.H_2O

D. 30in. Hg

4. 技师 A 说若在进行维修前存储 ECM 数据，则技师将具有维修前后的文档。技师 B 说在更换 ECM 前先下载并保存 ECM 的数据是明智的。请问谁是正确的？

A. 仅 A 正确

B. 仅 B 正确

C. A 和 B 都正确

D. A 和 B 都不正确

5. 一台涡轮增压器因压缩叶轮磨损而被更换。但发动机仍感到无力。下述选项中的哪一个是最不可能的原因？

A. 活塞环被磨损

B. 初级燃油滤清器被阻塞

C. 第二级燃油滤清器被阻塞

D. ECM 已损坏

后处理柴油氧化型催化器（DOC）入口温度	70 ℉（21.1℃）
后处理柴油颗粒过滤器（DPF）入口温度	600 ℉（315.5℃）
后处理柴油颗粒过滤器（DPF）出口温度	500 ℉（260 ℃）

6. 参看上表，这些读数是静态再生开始 10min 后采集的。它所表明的是下述中哪一个？

A. 已阻塞的 DPF

B. 已损坏的 DOC

C. 已损坏的 DPF

D. 已损坏的 DOC 入口温度传感器

7. 一辆装有 HPCR 燃油系统的货车有一个激活的故障码，其定义为“不能达到期望的共轨燃油压力”。下述选项中的哪一个是其最不可能的原因？

A. 初级燃油滤清器阻塞

B. 高压溢流排泄管路阻塞

C. 喷油器磨损

D. 第二级燃油滤清器阻塞

8. 技师正在测量预热塞的阻抗。下述的任何一个选项都指明了一个不正常的电阻，但除了：

A. 0.5Ω

B. 5.0Ω

C. 50.0Ω

D. 无穷大（OL）

9. 一台柴油发动机已经多次更换 EGR 中冷器。技师 A 说气缸衬垫泄漏可能是其原因。技师 B 说冷却系统泄漏可能是其原因。请问谁是正确的？

A. 仅 A 正确

B. 仅 B 正确

C. A 和 B 都正确

D. A 和 B 都不正确

发动机转速	275r/min
HPCR 燃油压力	250lbf/in^2
进气歧管温度	75 ℉（23.9℃）

10. 参考上表，诊断工具上的这些读数是一台无法起动的采用高压共轨（HPCR）燃油系统的发动机在起动过程中采集的。最不可能导致不能起动状况的原因是下述选项中的哪一个？

A. EPS 失效

B. 初级燃油滤清器被阻塞

C. 第二级燃油滤清器被阻塞

D. HPCR 泵失效

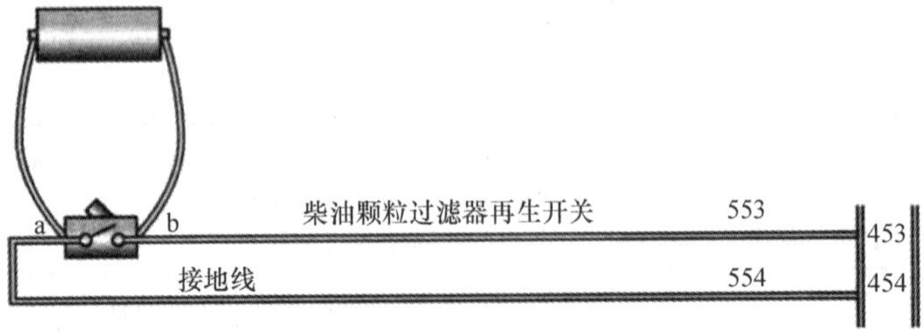

11. 参考上图，当连接上数字电压表（DVOM）时，无论该开关处于何位置，该电压表读数都是 12V。最可能的原因是下述选项中的哪一个?

A. 该开关卡滞在闭合（短路）的位置

B. 该开关卡滞在打开（断开）的位置

C. 电路 553 开路

D. 电路 554 开路

12. 在暖机后的正常怠速时，关闭发动机指示灯（SEL）开始闪烁，并随后发动机熄火。其原因可能会是下述选项中的任何一个，但除了：

A. 怠速时的机油压力读数显示为 $4lbf/in^2$

B. 发动机冷却液温度是 242 ℉（129.4 ℃）

C. 发动机机油温度是 265 ℉（129.4 ℃）

D. 冷却液液面低于正常液位

13. 技师 A 说卡滞在打开位置的废气门会导致进气歧管压力过大。技师 B 说卡滞在打开位置的废气门会导致排气背压过高。请问谁是正确的?

A. 仅 A 正确

B. 仅 B 正确

C. A 和 B 都正确

D. A 和 B 都不正确

14. 下述选项中的哪一个最不可能被用于诊断采用 HPCR 燃油系统的柴油发动机失火的气缸?

A. 1000mL 的量杯

B. 电阻表

C. 高度规

D. 诊断工具

15. 技师 A 说卡滞的 VGT 摆动叶片可能导致间歇性的功率损失。技师 B 说 EGR 阀卡滞将导致间歇性的功率损失。请问谁是正确的?

A. 仅 A 正确

B. 仅 B 正确

C. A 和 B 都正确

D. A 和 B 都不正确

16. 技师 A 说百分表可用于检查废气门执行器的行程。技师 B 说废气门执行器的摆臂必须从涡轮增压器上拆下以便测量它的行程。请问谁是正确的?

A. 仅 A 正确

B. 仅 B 正确

C. A 和 B 都正确

D. A 和 B 都不正确

17. 技师 A 说 HPCR 中过大的压力可能是因 HPCR 燃油系统中失效的 O 形密封圈导致的。技师 B 说 HPCR 燃油系统中过大的压力可能是因高压溢流阀泄漏导致的。请问谁是正确的?

A. 仅 A 正确

B. 仅 B 正确

C. A 和 B 都正确

D. A 和 B 都不正确

1 缸	15A
2 缸	0A
3 缸	15A
4 缸	0A
5 缸	15A
6 缸	0A
7 缸	15A
8 缸	0A

18. 参照上表中来自诊断的测量结果，一台采用预热塞的柴油发动机在寒冷天气不能起动。使用诊断工具和电流钳测量每个预热塞的电流。下述选项中的哪一个是造成起动困难的最可能的原因?

A. 预热塞计时器开路

B. 预热塞线束开路

C. 压缩压力低

D. 发动机位置传感器失效

19. 参考综合汽车回答此问题：一辆综合汽车的发动机功率不足并设置有激活的故障码，其定义为后处理燃油压力传感器的压力低。其原因可能会是下述中的任何一个，但除了

A. 被阻塞的初级燃油滤清器

B. 被阻塞的第二级燃油滤清器

C. 分配缸内的阻力

D. 被阻塞的 ECM 冷却板

20. 参考综合汽车回答此问题：柴油颗粒过滤器（DPF）要求进行再生的次数远远高于正常情况。最可能的原因是下述选项中的哪一个?

A. 风扇控制开关无法断开

B. 使用了错误的柴油

C. 发动机制动电磁阀绕组开路

D. 插接器 K 的端子 1 线路上开路

21. 参照综合汽车回答此问题：一台综合汽车柴油发动机的涡轮增压器因涡轮断裂而被更换后，发现功率不足。技师 A 说可能 DOC 被阻塞。技师 B 说应检查电子控制模块（ECM）中是否有故障码（DTC）。请问谁是正确的?

A. 仅 A 正确

B. 仅 B 正确

C. A 和 B 都正确

D. A 和 B 都不正确

22. 参照综合汽车回答此问题：在静态再生过程中，上图的指示灯被点亮。技师 A 说它表示 EGT3 处的排气温度高。技师 B 说这表示一种过热的状态，应停止该静态再生。请问谁是正确的?

A. 仅 A 正确

B. 仅 B 正确

C. A 和 B 都正确

D. A 和 B 都不正确

23. 参照综合汽车回答此问题：技师 A 说轮胎每英里的圈数在 ECM 中是可调整参数。技师 B 说怠速关机计时器在 ECM 中是可调整参数。请问谁是正确的?

A. 仅 A 正确

B. 仅 B 正确

C. A 和 B 都正确

D. A 和 B 都不正确

Cylinder 1	0r/min
Cylinder 2	0r/min
Cylinder 3	100r/min
Cylinder 4	100r/min
Cylinder 5	100r/min
Cylinder 6	100r/min

24. 参照综合汽车回答此问题：上表中显示的是来自综合汽车发动机做功一致性测试的结果。下述选项中哪一个是产生这样读数的最可能的原因？

A. #1 喷油器上的电磁阀开路

B. 增压空气中冷器的衬垫泄漏

C. 铰接点 S11 处的电路开路

D. 铰接点 S13 处的电路开路

25. 参照综合汽车（电路图见本书 33~36 页）回答此问题：技师 A 说电路 147 和 148 是一对双绞线。技师 B 说汽车速度传感器（VSS）被直接连接在 J1939 数据总线上。请问谁是正确的？

A. 仅 A 正确

B. 仅 B 正确

C. A 和 B 都正确

D. A 和 B 都不正确

26. 参照综合汽车回答此问题：下述选项中的哪一个将最不可能会被用于确定综合汽车发动机上某个失火的气缸？

A. 电阻表

B. 诊断工具

C. 高温计

D. 燃油压力表

27. 参照综合汽车回答此问题：一台综合汽车的柴油发动机不能起动。技师连接了诊断工具并发现激活的故障码，这些故障码包括了进气歧管温度（IMT）、进气歧管压力、EGT1 和 EPS（发动机位置）的传感器。不能起动的最可能原因是下述传感器中的哪一个？

A. 进气歧管温度

B. 进气歧管压力

C. EGT1

D. 发动机位置传感器 1

28. 参照综合汽车回答此问题：技师 A 说无论发动机转速如何，燃油压力都应保持恒定。技师 B 说燃油压力过大是因燃油压力调节阀被卡滞在打开位置所导致的。请问谁是正确的？

A. 仅 A 正确

B. 仅 B 正确

C. A 和 B 都正确

D. A 和 B 都不正确

29. 一辆货车发动机过热并关机。其原因会是下述选项中的哪一个？

A. 冷却风扇控制开关短路

B. 电路 158 与蓄电池正极短路

C. 发动机冷却风扇电磁阀绕组开路

D. 至冷却风扇的空气管路泄漏

30. 参照综合汽车（电路图见本书 33~36 页）回答此问题：一辆综合汽车的柴油发动机有激活的故障码，分别与发动机机油温度（EOT）传感器和进气温度（IAT）传感器有关。下述选项中的哪一个是最不可能的原因？

A. 这两个传感器至铰接点 S32 的电路开路

B. 这两个传感器至铰接点 S31 的电路开路

C. ECM 插接器 1 的端子 25 电路开路

D. 在电路 222 中开路

31. 参照综合汽车回答此问题：下述所有选项对 DPF 炭烟负荷的影响来讲都是正确的，但除了：

A. 全炭烟负荷等级的检查发动机指示灯（CEL）被点亮

B. 功率降低出现在全炭烟负荷等级

C. 在 81% 炭烟负荷时，表示 DPF 中炭烟已经过满

D. 功率在 DPF 超过 80% 的炭烟负荷时开始降低

32. 参照综合汽车回答此问题：只要发动机处于运转状态，后处理燃油压力传感器都指示燃油压力随着发动机转速在 50~90lbf/in^2 之间变动。其最可能的原因会是下述选项中的哪一个？

A. 该传感器有故障

B. 后处理燃油切断阀被打开

C. 后处理燃油切断阀被关闭

D. 后处理燃油排泄阀被打开

33. 参照综合汽车回答此问题：后处理 DPF 入口温度传感器需要更换。该传感器位在汽车上的哪个位置？

A. 在 DOC 的入口处

B. 在 DOC 和 DPF 之间

C. 在 DPF 的出口处

D. 在涡轮增压器的出口处

排气背压	110in.Hg
进气温度	100 ℉（37.8℃）
冷却液温度	180 ℉（82.2℃）
进气歧管压力	50psi

34. 参照综合汽车回答此问题：一辆综合汽车的柴油发动机存在功率低的问题。显示在上表中的诊断工具数据是在中等负荷且车速为 55mile/h 时采集的。下述选项中的哪一个会是其功率低的原因？

A. 进气歧管压力低

B. 冷却液温度高

C. 进气温度高

D. 排气背压高

蓄电池电压	13.6V
起动转速	95r/min
冷却液温度	25 ℉（−3.9℃）
进气温度	23 ℉（−5℃）

35. 参照综合汽车回答此问题：一辆汽车的发动机起动困难，特别是在寒冷的早晨。上表中的数据是在发动机起动过程中被记录的。该问题的原因会是下述选项中的哪一个?

A. 蓄电池电压低

B. 点火开关关闭、发动机停机时蓄电池漏电

C. 蓄电池电缆阻抗高

D. 冷却液温度传感器数据不正确

36. 参照综合汽车回答此问题：一辆综合汽车有一个非激活的燃油温度高的故障码。下述选项中的哪一个最不可能是该非激活的故障码的原因?

A. 燃油箱中的燃油液面低

B. 插接器 H 上有间断性短路

C. ECM 插接器 I 的端子 20 处存在高的阻抗

D. 出现过燃油系统温度高

37. 参照综合汽车回答此问题：一辆综合汽车的发动机出现燃油温度传感器的激活的故障码。技师对插接器 H 上的电压进行检查。当插接器与传感器连接时，电压表读到 0.0V。当断开插接器时，电压表读到 5.0V。当在 ECM 插接器 I 的插脚 21 和 22 上进行同样测试时，不论连接件是否连接，电压表的读数都是 5.0V。技师 A 说 ECM 已经失效且必须更换。技师 B 说该传感器已经失效且必须更换。请问谁是正确的?

A. 仅 A 正确

B. 仅 B 正确

C. A 和 B 都正确

D. A 和 B 都不正确

38. 参照综合汽车（电路图见本书 33~36 页）回答此问题：一个电阻表连接在 ECM 插接器 4 的端子 464 和 465 上。当点火开关关闭时，电阻表读数超出量程限制（OL 或无穷大）。所有下述选项都可能是其原因，但除了：

A. J1939 终端电阻中的一个开路

B. ECM 和插接器 XX 之间的电路 566 开路

C. ECM 和插接器 XX 之间的电流 567 开路

D. 插接器 XX 未插接

39. 参照综合汽车回答此问题：发动机运转不良，有一个激活的 DPF 失效的故障码，并冒黑烟。技师 A 说喷油器磨损可能是其原因。技师 B 说输油泵磨损可能是其原因。请问谁是正确的?

A. 仅 A 正确

B. 仅 A 正确

C. A 和 B 都正确

D. A 和 B 都不正确

40. 参照综合汽车回答此问题：ECM 显示了一个等级 3 炭烟负荷的故障码。技师正准备对该车的 DPF 进行静态再生。下述选项中哪一个是再生可进行的

最长时间？

A. 0.5h

B. 1.0h

C. 1.5h

D. 2.0h

41. 参照综合汽车回答此问题：该发动机有一个 DPF 压差传感器（DPF ΔP）的激活的故障码。所有下述选项对该传感器来讲都是正确的，但除了：

A. 该传感器测量的是压力降

B. 该传感器安装在 DPF 上

C. 该传感器有两个接口

D. 该传感器的一侧监测 DOC 前的压力，另一侧则监测 DPF 后的压力

42. 参照综合汽车（电路图见本书 33~36 页）回答此问题：一辆综合汽车蓄电池正极与铰接点 S54 之间的电路开路。下述选项中的哪一个是最不可能发生的？

A. 发动机将不能起动

B. 发动机 ECM 将不能与诊断工具通信

C. 发动机将出现怠速不良

D. 发动机 ECM 将不能与 J1939 上的其他模块进行通信

43. 参照综合汽车回答此问题：一辆综合汽车的柴油发动机有“EPS2 传感器信号无效”的故障码。技师 A 说这会导致发动机起动失败。技师 B 说这将造成发动机关机。请问谁是正确的？

A. 仅 A 正确

B. 仅 B 正确

C. A 和 B 都正确

D. A 和 B 都不正确

44. 参照综合汽车（电路图见本书 33~36 页）回答此问题：在综合汽车的柴油发动机上，所有下述选项都会导致发动机不起动的状况，但除了：

A. 插接器 C 开路

B. 插接器 A 开路

C. 发动机位置传感器 1（EPS1）失效

D. EPS2 失效

45. 参照综合汽车回答此问题：一台综合汽车的柴油发动机运转不良。技师断开插接器 A 后，发动机继续运转。其原因会是下述选项中的哪一个？

A. ECM 失效

B. 喷油器失效

C. 发动机凸轮轴磨损

D. EPS1 的信号轮损坏

模拟考试 6

发动机转速	275r/min
HPCR 燃油压力	250lbf/in^2
进气温度	75 ℉（23.9℃）

1. 参照上表中的读数，一台采用高压共轨（HPCR）燃油系统的发动机无法起动。诊断数据是在起动过程中采集的。下述选项中的哪一个最不可能是造成这个无法起动的原因？

A. EPS（发动机位置传感器）失效

B. 喷油器泄漏

C. 压力安全泄放阀泄漏

D. HPCR 泵失效

2. 一辆汽车在行驶不到 5000mile 内更换过两次气缸盖衬垫。技师 A 说气缸盖固定螺栓可能已被拉伸。技师 B 说其原因可能是输入到 ECM 中的喷油器校准编码不正确。请问谁是正确的？

A. 仅 A 正确

B. 仅 B 正确

C. A 和 B 都正确

D. A 和 B 都不正确

3. 一辆采用电控泵油嘴（EUI）燃油系统的汽车由于冒黑烟的问题更换了 6 个喷油器。目前怠速不良。技师 A 说喷油器的安装高度在安装时的设置可能不正确。技师 B 说该喷油器的校准编码可能输入的不正确。请问谁是正确的？

A. 仅 A 正确

B. 仅 B 正确

C. A 和 B 都正确

D. A 和 B 都不正确

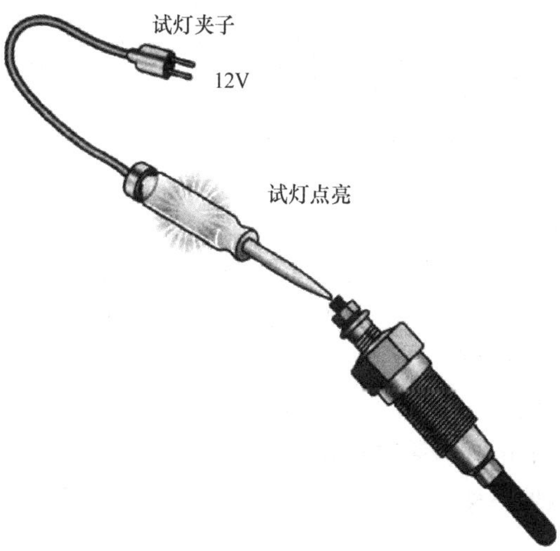

4. 参照上图，一台采用液压驱动电控泵油嘴（HEUI）燃油系统的发动机无法起动。技师使用上述方式测试了所有预热塞，且试灯在测试每个预热塞时都被点亮。下述选项中的任一个都会导致该无法起动的问题，但除了：

A. 预热塞有故障

B. 发动机机油盘中的机油液面低

C. 预热塞控制器有故障

D. 喷油器驱动压力低

5. 一辆已更换过涡轮增压器的汽车目前输出功率低，同时排气温度高。技师 A 说旧的排气涡轮可能滞留在排气管中。技师 B 说新涡轮增压器的废气门卡滞在打开位置。请问谁是正确的？

A. 仅 A 正确

B. 仅 B 正确

C. A 和 B 都正确

D. A 和 B 都不正确

6. 技师 A 说烟雾设备可被用于测试排气系统的完好性。技师 B 说烟雾设备可被用于检查进气系统的完好性。请问谁是正确的？

A. 仅 A 正确

B. 仅 B 正确

C. A 和 B 都正确

D. A 和 B 都不正确

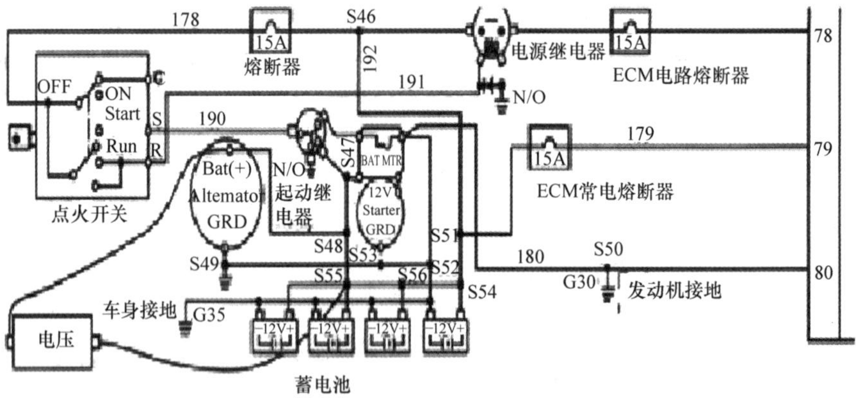

7. 参照上图，在一台综合汽车的发动机上进行电压降测试。当发动机运转在快怠速和打开车上所有电器附件情况下，电压表指示是 3.6 VDC。其原因可能是下述选项中的哪一个？

A. 蓄电池电压低

B. 电器附件的电流消耗过大

C. 发电机接地不良

D. 铰接点 S48 和 S55 之间阻抗高

8. 一台柴油发动机起动转速慢。下述选项中的哪一个最不可能被用于测试蓄电池?

A. 负荷测试仪

B. 电压表

C. 电阻表

D. 电流容量测试仪

9. 一台发动机有一个与加速踏板位置(APP)传感器有关的故障码(DTC)。该 APP 是一个霍尔型传感器。下述工具中的哪一个最可能被技师用于诊断该传感器?

A. 电阻表

B. 电流表

C. 诊断工具

D. 示波器

10. 一台不配备 DPF 的柴油发动机可转动,但无法起动。在发动机转动过程中,排气没有烟雾。其原因可能会是下述选项中的任何一个,但除了:

A. 没有电压提供至 ECM

B. 没有燃油提供至发动机

C. 气缸压缩压力低

D. 发动机位置传感器失效

11. 一台柴油发动机无法起动。仪表板上闪动一个钥匙的图标。下述选项中的哪一个最不可能是该发动机无法起动的原因?

A. 燃油液面低

B. 输入的密码不正确

C. 使用的钥匙不正确

D. 汽车安全防盗系统失效

12. 采用 HEUI 燃油系统发动机上,下述选项中的哪一个最不可能被用于诊断失火的气缸?

A. 诊断工具

B. 电阻表

C. 1000mL 量杯

D. 高温计

13. 技师在更换失效的 DPF 压差传感器后进行试车。故障指示灯(MIL)仍然点亮。该车符合重型汽车车载诊断标准(HD-OBD)。其 SEL 和 CEL 都未点亮。技师连接诊断工具,该车的 ECM 指示没有激活的故障码。下述选项中的哪一个是最可能的原因?

A. ECM 有故障

B. J1939 数据总线有故障

C. 诊断工具失效

D. 技师重新设置 MIL 失败

14. 正在对 HPCR 燃油系统进行溢流阀回油量的测试。技师 A 说过大的回油量可能是因燃油滤清器阻塞造成的。技师 B 说过大的回油量可能是因高压泄压阀阻塞导致的。请问谁是正确的?

A. 仅 A 正确

B. 仅 B 正确

C. A 和 B 都正确

D. A 和 B 都不正确

15. 在 ECM 中被设置了 EPS1 的故障码。在排出故障中，技师断开 EPS1 的连接线束，并发现其内部端子被发动机机油覆盖。最可能的原因会是下述选项中的哪一个?

A. 发动机机油压力高

B. 发动机曲轴箱压力高

C. EPS1 失效

D. 气门室盖衬垫泄漏

16. 一台采用 HPCR 燃油系统的柴油发动机冷起动正常，但在热车时起动困难。客户没有其他抱怨。技师 A 说其原因可能是喷油器有故障。技师 B 说其原因可能是空气滤清器被阻塞。请问谁是正确的?

A. 仅 A 正确

B. 仅 B 正确

C. A 和 B 都正确

D. A 和 B 都不正确

17. 技师 A 说校准软件不正确将会导致燃油经济性差。技师 B 说校准软件不正确将会导致发动机性能不良。请问谁是正确的?

A. 仅 A 正确

B. 仅 B 正确

C. A 和 B 都正确

D. A 和 B 都不正确

18. 一台采用 HPCR 燃油系统的发动机有一个故障码，其定义为“无法达到期望的共轨压力”。技师 A 说该问题可能是喷油器磨损。技师 B 说该问题可能是高压油泵。请问谁是正确的?

A. 仅 A 正确

B. 仅 B 正确

C. A 和 B 都正确

D. A 和 B 都不正确

19. 一台不采用 DPF 的柴油发动机排气管冒烟并起动困难。其原因可能是下述选项中的任何一个，但除了：

A. 活塞的压缩环磨损

B. 喷油器磨损

C. 发动机空气滤清器阻塞

D. 废气门卡滞在打开位置

20. 下述所有选项都应在安装新的校准软件前完成，但除了：

A. 将发动机暖机至正常工作温度

B. 确认蓄电池电量已充满

C. 连接诊断工具至外部电源

D. 连接诊断工具至发动机的 ECM

21. 参照综合汽车回答此问题：一辆综合汽车有一个气缸 #2 失火的故障码。在测试中，气缸 #2 做功贡献测试失败。在进行气缸压缩压力的测试中，其压缩压力的结果是可接受的。该故障码的原因可能是下述选项中的任何一个，但除了：

A. 排气门泄漏

B. 喷油器的驱动凸轮磨损

C. 喷油器磨损

D. 喷油器电磁阀阻抗高

22. 参照综合汽车回答此问题：一辆综合汽车长时间拖带车辆时发动机失速。技师 A 说应检查电子控制模块（ECM）的冻结帧数据以便帮助诊断该问题。技师 B 说可能需要挂上拖车进行路试以便再现此问题。请问谁是正确的？

A. 仅 A 正确

B. 仅 B 正确

C. A 和 B 都正确

D. A 和 B 都不正确

23. 参照综合汽车回答此问题：技师 A 说喷油器线束短路会导致故障码产生。技师 B 说可用电阻表测试喷油器的线束。请问谁是正确的？

A. 仅 A 正确

B. 仅 B 正确

C. A 和 B 都正确

D. A 和 B 都不正确

24. 参照综合汽车回答此问题：一台综合汽车的柴油发动机有一个曲轴箱压力高的故障码。最不可能的原因会是下述选项中的哪一个？

A. 被阻塞的发动机空气滤清器

B. 被阻塞的曲轴箱通风滤清器

C. 被磨损的活塞环

D. 活塞中有孔穴

25. 参照综合汽车回答此问题：一台综合汽车的发动机在 800r/min、1200r/min、2000r/min 有明显敲击声。下述选项中的哪一个是最可能的原因？

A. 连杆轴承松旷

B. 主轴承松旷

C. 活塞销松旷

D. 扭转减振器失效

26. 参照综合汽车回答此问题：一辆汽车有功率低的问题，但没有故障码。诊断过程中发现在额定转速全负荷时的进气歧管压力是 25lbf/in^2。技师 A 说功率低的问题可能是由于柴油微粒过滤器（DPF）缺失。技师 B 说功率低的问题可能是由于燃油滤清器被阻塞。请问谁是正确的？

A. 仅 A 正确

B. 仅 B 正确

C. A 和 B 都正确

D. A 和 B 都不正确

27. 参照综合汽车回答此问题：一辆汽车被抱怨功率低。技师核实此问题并发现一个激活的进气歧管压力低的故障码。下述选项中的哪一个是最不可能的原因？

A. 涡轮增压器的叶轮磨损

B. 涡轮增压器的排气涡轮磨损

C. DPF 被阻塞

D. 防盗系统有故障

28. 参照综合汽车回答此问题：客户有一个发动机功率低的抱怨。在全负荷时，技师发现进气歧管压力是 20lbf/in^2。但没有故障码。下述选项中的哪一个最不可能是该问题的原因？

A. 被阻塞的燃油滤清器

B. 被阻塞的空气滤清器

C. ECM 的 214 号端子开路

D. 涡轮增压器上的叶轮片磨损

29. 参照综合汽车（电路图见本书 33~36 页）回答此问题：发动机可转动但起动失败。其原因会是下述选项中的任何一个，但除了：

A. 电路 554 开路

B. 电路 223 开路

C. 插接器 A 开路

D. ECM 的端子 27 和 28 之间短路

30. 参照综合汽车（电路图见本书 33~36 页）回答此问题：发动机制动可工作在中等和高的状态，但不能工作在低的状态。其原因会是下述选项中的哪一个？

A. 电路 111 开路

B. 电路 110 开路

C. 发动机制动 on/off 开关失效

D. 电路 155 开路

发动机冷却液温度	180°F（82.2℃）
发动机转速	600r/min
发动机机油压力	1lbf/in^2
排气背压	0.1lbf/in^2

31. 参照综合汽车回答此问题：一辆综合汽车的检查发动机指示灯（CEL）和停止发动机指示灯（SEL）被点亮并在运输中怠速时关机。上表中的冻结帧数据来自 ECM。发动机关机的原因会是下述选项中的哪一个？

A. 发动机过热

B. 机油液面过低

C. 发动机怠速过高

D. 排气背压过高

32. 参照综合汽车回答此问题：当发动机制动被启用时，发动机冷却风扇没有运转。没有故障码，且驾驶人没有其他抱怨。技师 A 说其原因可能是编程错误。技师 B 说其原因可能是至发动机冷却风扇电磁阀的电路开路。请问谁是正确的？

A. 仅 A 正确

B. 仅 B 正确

C. A 和 B 都正确

D. A 和 B 都不正确

33. 参照综合汽车回答此问题：下述选项中的哪一个最不可能导致柴油发动机起动后熄火？

A. 电路 128 中开路

B. 燃油系统中有空气

C. 燃油初级滤清器松动

D. 燃油吸入管路被阻塞

34. 参照综合汽车回答此问题：技师 A 说阻塞的 DPF 可能是因后处理燃油切断阀阻塞导致的。技师 B 说阻塞的 DPF 可能是因后处理泄放阀卡滞在打开位置所导致的。请问谁是正确的？

A. 仅 A 正确

B. 仅 B 正确

C. A 和 B 都正确

D. A 和 B 都不正确

35. 参照综合汽车回答此问题：ECM 有一个曲轴箱压力高的故障码。其原因可能是下述选项中的任何一个，但除了：

A. 被损坏的活塞

B. 被磨损的压缩环

C. 被阻塞的曲轴箱通风管

D. 被阻塞的发动机机油滤清器

36. 参照综合汽车（电路图见原书 33~36 页）回答此问题：下述选项中的哪一个是 15A 汽车电路熔断器断开的最可能原因？

A. 电路 178 开路

B. 电路 192 对地短路

C. 电路 192 开路

D. 电路 178 对地短路

37. 参照综合汽车（电路图见本书 33~36 页）回答此问题：一辆综合汽车的发动机有两个激活的故障码，一个与进气歧管温度传感器有关，另一个与进气歧管压力传感器有关。没有其他激活或非激活的故障码。技师 A 说其原因可能是电路 222 开路。技师 B 说其原因可能是铰接点 S25 开路。请问谁是正确的？

A. 仅 A 正确

B. 仅 B 正确

C. A 和 B 都正确

D. A 和 B 都不正确

38. 参照综合汽车回答此问题：技师 A 说最高道路车速在全程范围内是一个可编程的参数。技师 B 说发动机怠速转速是一个可编程的参数。请问谁是正确的？

A. 仅 A 正确

B. 仅 B 正确

C. A 和 B 都正确

D. A 和 B 都不正确

39. 参照综合汽车回答此问题：技师 A 说失效的空档安全开关可能阻止 DPF 的静态再生。技师 B 说失效的加速踏板会阻止 DPF 的静态再生。请问谁是正确的？

A. 仅 A 正确

B. 仅 B 正确

C. A 和 B 都正确

D. A 和 B 都不正确

40. 参照综合汽车回答此问题：所有下述选项对综合汽车的进气和排气系统来讲都是正确的，但除了：

A. 发动机装有可变几何尺寸涡轮增压器（VGT）

B. 发动机装有可变气门执行器（VVA）

C. 发动机装有经冷却的废气再循环（EGR）

D. 发动机装有 DPF

41. 参照综合汽车回答此问题：驾驶人抱怨空调（A/C）的性能不良。技师发现当空调系统接通时，发动机冷却风扇未工作。而用诊断工具指令时，该风扇工作。最可能的原因是下述选项中的哪一个？

A. 发动机冷却风扇电磁阀有故障

B. 发动机冷却风扇有故障

C. 鼓风电机开关有故障

D. A/C 高压侧压力开关有故障

42. 参照综合汽车回答此问题：一台综合汽车的发动机可起动并运转，但功率不足。没有激活或非激活的故障码。其原因会是下述选项中的哪一个？

A. 缺失来自 EPS1 的信号

B. 缺失来自 EPS2 的信号

C. 喷油器复位弹簧断裂

D. 喷油器电磁阀绕组开路

43. 参照综合汽车（电路图见本书 33~36 页）回答此问题：当远程取力器（PTO）开关被操作时，发动机转速会适当提高；但当操作安装在仪表台上的 PTO 开关时，取力器不工作。其原因会是下述选项中的哪一个？

A. 电路 170 开路

B. 电路 171 开路

C. ECM 端子 77 处开路

D. ECM 端子 70 处开路

44. 参照综合汽车回答此问题：一台综合汽车的柴油发动机有曲轴箱压力高的故障码。其原因会是下述选项中的哪一个？

A. 曲轴箱通风滤清器被阻塞

B. 发动机机油压力过高

C. 曲轴箱通风滤清器缺失

D. 电路 304 开路

45. 参照综合汽车（电路图见本书 33~36 页）回答此问题：风扇控制开关不能使风扇工作，并且诊断开关不能使 ECM 闪烁出故障码。其原因会是下述选项中的哪一个？

A. 风扇控制开关失效

B. 诊断开关失效

C. ECM 端子 58 处开路

D. 电路 161 开路

Chapter

6 第六章 标准答案和解释

说明

包含在本部分的内容是每一份模拟考试的标准答案，其次是对每道题答案的详细解释以及通过每个具体问题对设计的任务领域进行的评定。如果您需要返回本书第 4 章的任务列表寻求其他的支持，这个附加的参考信息会显示出它的作用。

模拟考试 1——标准答案

1. A	21. B	41. D
2. A	22. C	42. D
3. D	23. B	43. D
4. C	24. D	44. A
5. D	25. D	45. C
6. C	26. B	
7. C	27. B	
8. C	28. D	
9. C	29. A	
10. A	30. B	
11. B	31. D	
12. D	32. D	
13. C	33. C	
14. B	34. C	
15. A	35. D	
16. D	36. B	
17. D	37. C	
18. C	38. C	
19. B	39. C	
20. C	40. B	

模拟考试 1——答案解释

A.1

1. 回答 A 是正确的。仅技师 A 正确。挂在发动机上的标签有发动机生产序列号。它还被刻印在发动机的缸体上。

回答 B 是错误的。VIN 虽然包含了与该车有关的有价值的信息，但其中没有发动机的生产序列号。

回答 C 是错误的。仅技师 A 是正确的。

回答 D 是错误的。技师 A 是正确的。

2. 回答 A 是正确的。仅技师 A 正确。若 ABS/ESC 系统检测到加速时车轮打滑，它将指令发动机降低输出功率以力图保持地面附着力。

B.7

回答 B 是错误的。ABS/ESC 系统可能降低发动机输出功率，但没有关闭发动机的功能。发动机可被设置为当冷却液不足情况下被关机。

回答 C 是错误的。仅技师 A 是正确的。

回答 D 是错误的。技师 A 是正确的。

3. 回答 A 是错误的。EUI 燃油系统在喷油器上面应装有摇臂，它提供创建喷射所需高压的作用力。

D.5

回答 B 是错误的。HEUI 燃油系统应配有高压机油泵，它被用于建立喷射所需的高压。

回答 C 是错误的。PLN-E 燃油系统应装有一个机械式喷油泵，它被用于创建喷射所需的高压。

回答 D 是正确的。图示是一个高压共轨燃油系统。高压在高压油泵内被建立。喷油器由电子控制模块（ECM）控制使燃油喷入燃烧室。

4. 回答 A 是错误的。若锁扣结合该插接器的部分形状良好，仅更换该锁扣是一个可接受的维修方式。

B.9

回答 B 是错误的。若损坏的锁扣已破坏了插接器外壳，则该插接器需要同锁扣一起更换。

回答 C 是正确的。使用尼龙拉带很有可能损坏线束，因为当它们插入插接器时将压迫线路。所以它不被认为是可接受的维修方式。

回答 D 是错误的。某些制造商不为插接器提供单独部分。此种情况下，唯一可选的维修方式可能就是更换带有线束抽头的整个插接器，它包括电线、插接器外壳和锁扣。

5. 回答 A 是错误的。被阻塞的压缩空气中冷器会阻碍有效冷却，从而造成进气温度高。

C.2

回答 B 是错误的。因为压缩空气中冷器和散热器常常前后叠加在一起，因此被阻塞的散热器会减少穿过压缩空气中冷器的空气流量，并导致进气温度高。

回答 C 是错误的。因为冷凝器和压缩空气中冷器常常前后叠加在一起，因此被阻塞的冷凝器会减少穿过压缩空气中冷器的空气流量，并导致进气温度高。

回答 D 是正确的。被阻塞的空气滤清器会造成增压压力低，但不会导致进气温度高。

6. 回答 A 是错误的。技师 B 也正确。

回答 B 是错误的。技师 A 也正确。

A.2

回答 C 是正确的。两技师都正确。核实该抱怨是重要的。感觉的问题可能是车辆正常工作的特征。性能方面的问题可能需要对该车进行路试。

回答 D 是错误的。两技师都是正确的。

B.10

7. 回答 A 是错误的。# 5 缸的问题已用新的喷油器解决；没有理由相信 # 5 缸压缩压力低。

回答 B 是错误的。在该货车最初进厂时，# 3 缸没有失火；没有理由相信 # 3 缸现在压缩压力低。

回答 C 是正确的。更换高里程发动机上的喷油器时，由于该喷油器上的通电插接器已变硬，因此在更换喷油器过程中断开该插接器时常常将其损坏。技师最可能需要的是更换每个喷油器的通电插接器，以便正确维修该发动机。

回答 D 是错误的。# 5 缸上被损坏的喷油器通电插接器不会造成 # 3 缸失火。

D.4

8. 回答 A 是错误的。某些制造商将单电位计用作 APP。某些 OEM 还有带怠速验证开关的单电位计。

回答 B 是错误的。某些制造商使用两或三个电位计式的 APP。

回答 C 是正确的。当前的柴油发动机制造商没有使用光电式 APP 传感器的。

回答 D 是错误的。某些制造商使用单或双霍尔效应传感器式的 APP。

B.11

9. 回答 A 是错误的。在维修接近结束时更换有故障的部件，但技师还需要核实在更换此部件后，其维修是否有效。

回答 B 是错误的。维修资料应在此诊断步骤之前查阅。

回答 C 是正确的。柴油发动机维修中的最后一步是核实其维修，技师需要确保最初的问题已被修复且没有出现新的问题。

回答 D 是错误的。核实抱怨是维修作业的第一步，而不是在最后。

D.1

10. 回答 A 是正确的。编入 ECM 的怠速转速不正确将造成发动机的怠速转速过高、过低，或可能起动后熄火，但不会导致无法起动。

回答 B 是错误的。发动机的位置传感器失效将不会告知 ECM 曲轴的位置；因此可造成无法起动的状况。

回答 C 是错误的。ECM 失效会不能为喷油器通电；这将导致无法起动的状况。

回答 D 是错误的。发动机校准文件错误会导致 ECM 不能识别来自传感器的关键信息，从而造成无法指令执行器（如喷油器）在正确的时间工作。这将导致无法起动。

B.3

11. 回答 A 是错误的。诊断工具 / 笔记本电脑应连接至 AC 110V。若在编程过程中，工具中的电池失效，可能会损坏 ECM。

回答 B 是正确的。驻车制动压缩空气压力与发动机 ECM 无关，也不是安全防范措施的内容。但无论如何，应实施驻车制动。

回答 C 是错误的。该货车的蓄电池应被充满电。若在编程中，蓄电池电压下降过多，有可能损坏 ECM。

回答 D 是错误的。当对发动机 ECM 编程时，技师始终应安装最新的重新编程的闪存文件。

12. 回答 A 是错误的。因机械问题可导致压缩压力低，如活塞环磨损或气门泄漏。

回答 B 是错误的。阻塞的 DPF 必须进行清洁。这是机械方面的问题。而 DPF 上的传感器失效才是电气方面的问题。 A.3

回答 C 是错误的。EGR 中冷器泄漏将使冷却液进入空气流，这是一个机械问题。需要更换此中冷器。

回答 D 是正确的。喷油器线束线路开路是电气问题；它阻止电流流过喷油器。对线束线路可以进行维修或作为一个整体进行更换，这取决于制造商的建议。

13. 回答 A 是错误的。技师 B 也正确。

回答 B 是错误的。技师 A 也正确。

回答 C 是正确的。两技师都正确。数据总线的故障会影响各个模块之间的通信，因此妨碍了发动机、变速器和诊断工具之间的通信。若数据总线已出现故障，ABS 也将失效。 B.7

回答 D 是错误的。两技师都是正确的。

14. 回答 A 是错误的。进气阻力应在全负荷空气流量高时进行测量。

回答 B 是正确的。仅技师 B 是正确的。水压力计是用于测量进气阻力的一个工具。它实际上可以是一个 U 形管，或是被 U 形管校准过的仪表。 C.1

回答 C 是错误的。仅技师 B 正确。

回答 D 是错误的。技师 B 是正确的。

15. 回答 A 是正确的。仅技师 A 正确。TPS 将节气门的位置发送给 ECM。该节气门在进气中产生一个低压区以增加 EGR 的流量。传感器损坏将影响节气门的正常工作，并导致错误的 EGR 流量。 B.7

回答 B 是错误的。TPS 损坏会影响功率和 EGR 流量，但不会阻碍发动机的起动。

回答 C 是错误的。仅技师 A 正确。

回答 D 是错误的。技师 A 是正确的。

16. 回答 A 是错误的。喷射驱动压力是来自高压机油泵的机油压力。270lbf/in^2 的喷射驱动压力不足以使发动机起动。技师 A 应将不能起动状态的原因聚焦在高压机油系统。 D.6

回答 B 是错误的。燃油滤清器阻塞将导致燃油压力低；然而该发动机的问题是喷射驱动压力低。

回答 C 是错误的。两技师都不正确。

回答 D 是正确的。两技师都是不正确的。

17. 回答 A 是错误的。13.2V（AC）的电压读数远高于 0.5V（AC）的最大值标准，表明该发电机已存在故障。

回答 B 是错误的。12.9V（AC）的电压读数远高于发电机的 AC 电压值，这会导致许多故障码被设置。 B.10

回答 C 是错误的。1.3V（AC）的电压读数高于标准值，会使 ECM 错误地处理各个传感器读数，造成多个故障码被设置。

回答 D 是正确的。0.3V（AC）的电压读数低于 0.5V（AC）的标准限值，不应被认为是一个问题。

18. 回答 A 是错误的。测量柴油的相对密度应使用折射计。

回答 B 是错误的。测量冷却液的相对密度应使用折射计。

D.2 回答 C 是正确的。图示部件有一个视窗，它被安装在燃油系统输油泵的吸入侧。用于检查是否有空气被泄漏进燃油中。

回答 D 是错误的。进气系统中不允许有柴油存在。若有，该柴油发动机将变得无法控制。

19. 回答 A 是错误的。若 ECM 被编程为不允许主动再生，这可能是一个原因。

B.11 回答 B 是正确的。装有后处理系统的发动机要求使用超低硫含量的柴油。这不应是一个原因。

回答 C 是错误的。高硫含量的柴油会导致 DPF 阻塞，这会是一个原因。

回答 D 是错误的。用于主动再生的最小车速通常设置在 30mile/h 左右。若该参数设置在 75mile/h，则该货车将不会有足够时间使主动再生在此车速上工作。

20. 回答 A 是错误的。技师 B 也正确。

回答 B 是错误的。技师 A 也正确。

D.7 回答 C 是正确的。两技师都正确。EUI 喷油器在安装后需要调整其安装高度。某些制造商要求使用专用的高度规。其他调整需要技师用调整螺钉将杯状体内的柱塞顶到底部，然后再将该调整螺钉拧出规定圈数。

回答 D 是错误的。两技师都是正确的。

21. 回答 A 是错误的。该喷油器不安装在涡轮增压器前。此种安装会造成未燃烧的燃油进入涡轮增压器并导致其损坏。

B.1 回答 B 是正确的。该喷油器安装在涡轮增压器后面。这种安装允许柴油的燃烧提高 DOC 内的温度以启动主动再生。

回答 C 是错误的。该喷油器不安装在 DOC 和 DPF 之间。若喷油器的位置在 DOC 后面，将不会有助于提高 DOC 的温度。

回答 D 是错误的。该喷油器不在 EGR 阀前面的进气系统中。进气中喷射的柴油会导致发动机失控。

22. 回答 A 是错误的。技师 B 也正确。

回答 B 是错误的。技师 A 也正确。

C.5 回答 C 是正确的。两技师都正确。预热塞可用电阻表检查，而且通常其标准值都小于 1Ω。进气加热器可用电流钳进行检查，且通常其电流消耗都超过 50A。

回答 D 是错误的。两技师都是正确的。

23. 回答 A 是错误的。DPF 在再生过程中将炭烟转化为颗粒。

B.1 回答 B 是正确的。炭烟是通过再生过程被转化为颗粒后，再从过滤器中清除的。该过程发生在货车上的过滤器中。

回答 C 是错误的。某些 DPF 清洁器要求从货车上拆下过滤器。某些清洁器还加热该过滤器以便使过滤器的清洁更有效。

回答 D 是错误的。ECM 使用压差传感器监测过滤器两端的压力降。

24. 回答 A 是错误的。在发动机正常运转期间，当排气系统热到足以能够从 DPF 中清除炭烟时，出现被动再生。

回答 B 是错误的。当 ECM 确定 DPF 被阻塞而需要被清洁、车速大于 25mile/h 并且排气温度对再生不足够热时，发生主动再生。ECM 将燃油喷入排气流中，以将排气温度提高到足以使再生发生。 C.6

回答 C 是错误的。当汽车处于停车状态，并使用安装在仪表台上的开关或诊断工具可以使静态再生发生。

回答 D 是正确的。当发动机关闭时不可能发生再生。

25. 回答 A 是错误的。空气滤清器阻塞会引起功率下降，但不会引起喷油器过早磨损。

回答 B 是错误的。DPF 阻塞可导致功率下降，但不会引起喷油器过早磨损。 D.8

回答 C 是错误的。两技师都不正确。

回答 D 是正确的。两技师都不正确。当柴油发动机上的喷油器过早磨损时，技师应检查燃油的过滤系统和客户使用的燃油处理方式。

26. 回答 A 是错误的。DPF 的作用是分离颗粒排放并消除排气烟雾。若加速时冒黑烟，则 DPF 已失效。

回答 B 是正确的。排气阻塞会导致功率降低，但不会造成冒黑烟。 A.4

回答 C 是错误的。喷油器磨损会使喷射形态不良并引起喷油过多、DPF 损坏和排气冒黑烟。

回答 D 是错误的。写入 ECM 的喷油器校准编码不正确将会导致喷油过多、DPF 损坏和排气冒黑烟。

27. 回答 A 是错误的。DPF 阻塞将导致该信号电压高，而且该信号将随发动机负荷而变化。

回答 B 是正确的。若拆除 DPF，则在 DPF 的两个检测部分之间的压力将不会变化，因此传感器信号电压也不会变化。 B.1

回答 C 是错误的。EGR 通道阻塞将导致 EGR 流量低，但不会引起后处理柴油颗粒过滤器压差传感器的电压维持不变。

回答 D 是错误的。EGR 阀卡滞可能会造成 EGR 流量不足或过大，但不会造成后处理 DPF 压差传感器信号电压保持低或恒定。

28. 回答 A 是错误的。J1708 是一个通信协议，而不是数据总线。

回答 B 是错误的。ECM 使用 J1587 与诊断工具通信，但不使用此数据总线与其他模块进行通信。 B.2

回答 C 是错误的。J1922 不被用于该综合汽车上。

回答 D 是正确的。该货车上的其他控制模块通过 J1939 与 ECM 通信。诊断工具也可使用 J1939 与 ECM 通信。

29. 回答 A 是正确的。仅技师 A 正确。怠速停机计时器可在 1~100min 的范围内进行调整。

B.3

回答 B 是错误的。发动机最大转速是发动机校准文件的一部分。若发动机被重新校准，其最大转速是可改变的，但它不属于客户可调整的参数。

回答 C 是错误的。仅技师 A 正确。

回答 D 是错误的。技师 A 是正确的。

30. 回答 A 是错误的。后处理喷油器安装在涡轮增压器后面。这是 VGT 执行器。

C.3

回答 B 是正确的。图示是 VTG 执行器。它控制 VGT 涡轮增压器。

回答 C 是错误的。这不是增压传感器。增压传感器应安装在进气歧管中或其附近。

回答 D 是错误的。这不是 DPF。DPF 位于排气系统中。

31. 回答 A 是错误的。EGR 中冷器被阻塞会导致 EGR 流量不足，但不会造成该阀不能打开。

B.4

回答 B 是错误的。EGR 文氏管阻塞可能导致 EGR 流量低，但不会造成该阀不工作。

回答 C 是错误的。两技师都不正确。

回答 D 是正确的。两技师都不正确。最可能的原因是 EGR 阀有机械故障。应根据制造商的建议进行清洁或更换。

32. 回答 A 是错误的。汽车停放 24h 后，冷却液温度和进气温度应具有同样的读值。若它们不一样，这将表明一个问题。

B.5

回答 B 是错误的。有故障的 ECM 将导致温度信号被错误地理解并显示；然而在本题情况下，冷却液和进气温度有相同的读数是正常的，没有故障被表明。

回答 C 是错误的。两技师都不正确。

回答 D 是正确的。两技师都是不正确的。该读数反映的是一个正常的状况；使用诊断工具测试是一个有效的方法。

33. 回答 A 是错误的。技师 B 也正确。

回答 B 是错误的。技师 A 也正确。

B.6

回答 C 是正确的。两技师都正确。79 脚是通过 15A 电路熔断器的不受点火开关控制的蓄电池电源。78 脚是通过常开式电源继电器的受点火开关控制的蓄电池电源。

回答 D 是错误的。两技师都是正确的。

34. 回答 A 是错误的。一个 0.1V（DC）的电压降是可接受的。

回答 B 是错误的。一个 0.01V（DC）的电压降是非常小的，并表明该电路非常良好。

B.8

回答 C 是正确的。一个 1.5V（DC）的电压降是过大了，并可能导致 ECM 因驱动喷油器的电压不足，从而引起发动机失火。

回答 D 是错误的。一个 0.15V（DC）的电压降低于正常标准允许的最大不超过 0.5V（DC）电压降的要求。

35. 回答 A 是错误的。ECM 根据压差传感器计算 DPF 的阻塞程度。当 DPF 需要再生时，DPF 灯被点亮。

回答 B 是错误的。EGT1 不被用于点亮 HETS 灯。 C.4

回答 C 是错误的。EGT2 不被用于点亮 HETS 灯。

回答 D 是正确的。当 EGT3 高于 850 ℉(454.4℃ ）和车速低于 5mile/h 时，ECM 点亮该 HETS 灯。之所以使用 EGT3 是因为它位置靠近排气的出口。在汽车处于低速或停止时，HETS 灯是提醒驾驶人注意排气温度升高的一个安全功能。

36. 回答 A 是错误的。ECM 没有故障。该测试验证了 ECM 可以诊断线路开路和短路的故障。

回答 B 是正确的。冷却液温度传感器存在故障。它是内部电气开路。当技师跨接两端子后，ECM 设置了短路的故障码，这验证了线束线路和 ECM 是良好的。因此，该故障码唯一的可能原因是冷却液温度传感器失效。 B.2

回答 C 是错误的。若线束线路存在故障，当技师跨接两端子时，不会设置一个短路的故障码。

回答 D 是错误的。进气温度传感器没有进行线路测试。

37. 回答 A 是错误的。该灯不是进气阻塞的指示灯。应检查进气阻塞的仪表以便知道空气滤清器的状态。

回答 B 是错误的。车厢空气滤清器通常没有在仪表台上的指示灯。 B.6

回答 C 是正确的。图示指示灯表示 DPF 需要再生。该货车可能正以合适的车速行驶，或处于停车状态并在进行静态再生。

回答 D 是错误的。若该灯与检查发动机和关闭发动机灯一同点亮，不管怎样，该货车都应停车。

38. 回答 A 是错误的。在 225 ℉（107.2℃）时，ECM 将降低发动机 20% 的功率输出。

回答 B 是错误的。在 230 ℉（110℃）时，ECM 将降低发动机 40% 的功率输出。 B.2

回答 C 是正确的。在 235 ℉（112.8℃）时，ECM 将降低发动机 60% 的功率输出。

回答 D 是错误的。在 240 ℉（115.6℃）时，ECM 将关闭发动机。

39. 回答 A 是错误的。 电阻表是一个常用工具，它被用于测量数据总线的电阻和检查 J 1939 数据总线上的两个 120Ω 的终端电阻是否正常。

回答 B 是错误的。电压表可被用于测量数据总线高电位侧和低电位侧的电压。 B.7

回答 C 是正确的。 没有可用的进行数据总线电流量的测试标准。

回答 D 是错误的。 诊断工具可被用于检查各个模块是否能通过数据总线进行通信。

40. 回答 A 是错误的。最小电阻是 0.5Ω。因此 0.4Ω 表明该电磁阀有故障。 B.8

回答 B 是正确的。该电阻的标准是 0.5~5.0Ω。因此 4.0Ω 表明该电磁阀是良好的。

回答 C 是错误的。0.2Ω 电阻的读数小于最小的标准值，表明该电磁阀有故障。

回答 D 是错误的。22Ω 电阻的读数高于 5Ω 的最大标准值，表明该电磁阀有故障。

B.7

41. 回答 A 是错误的。若后桥传动比设置错误，车速表将错误地计算汽车车速。

回答 B 是错误的。若错误地编入轮胎尺寸，ECM 将得到错误的信息并错误地计算车速。

回答 C 是错误的。若尾轴上的齿数被设置得多于实际齿数，则显示的车速将高于实际车速。

回答 D 是正确的。巡航控制的设置会影响巡航控制的操作，但不影响车速表的显示。

B.3

42. 回答 A 是错误的。怠速转速参数的范围在 600~850r/min 之间。

回答 B 是错误的。最大的取力装置（PTO）转速被调整在 600~2500r/min 之间。

回答 C 是错误的。两技师都不正确。

回答 D 是正确的。两技师都是不正确的。

D.3

43. 回答 A 是错误的。在共轨系统中，该共轨中被充有施压到约 20000lbf/in^2 压力的燃油。这是一个 EUI 系统。

回答 B 是错误的。HEUI 系统应具有一个用于喷射的高压机油泵。这是一个 EUI 系统。

回答 C 是错误的。PLN-E 系统应具有一个机械式喷油泵。这是一个 EUI 系统。

回答 D 是正确的。这是一个 EUI 系统，它配有凸轮轴驱动的 EUI。

B.5

44. 回答 A 是正确的。仅技师 A 正确。发动机机油压力传感器为仪表台上安装的仪表和发动机 ECM 提供信息。

回答 B 是错误的。该 APP 传感器具有两个电位计，不是三个。

回答 C 是错误的。仅技师 A 正确。

回答 D 是错误的。技师 A 是正确的。

B.6

45. 回答 A 是错误的。失效的 APP 传感器可能会妨碍发动机加速，但它不会引起 ECM 进入发动机保护模式。

回答 B 是错误的。失效的后处理 DPF 入口温度传感器（EGT2）会阻碍 DPF 再生，但不会引起发动机进入保护模式。

回答 C 是正确的。发动机机油或冷却液温度高会导致发动机进入保护模式。

回答 D 是错误的。冷却液温度低不会造成发动机进入保护模式，但它会导致高于正常转速的怠速转速。

模拟考试 2——标准答案

1. B
2. D
3. D
4. A
5. A
6. C
7. B
8. B
9. C
10. C
11. A
12. C
13. B
14. B
15. A
16. C
17. B
18. B
19. A
20. C
21. D
22. D
23. B
24. D
25. D
26. B
27. C
28. C
29. D
30. C
31. A
32. D
33. D
34. D
35. A
36. A
37. C
38. B
39. C
40. C
41. A
42. D
43. D
44. C
45. B

模拟考试 2—答案解释

1. 回答 A 是错误的。增压空气中冷器管路泄漏会使压缩空气外漏并导致压缩压力低。

A.8

回答 B 是正确的。空气滤清器衬垫泄漏会导致污浊的空气进入发动机，但由于泄漏点在涡轮增压器之前，因此它不会直接造成增压压力降低。然而随着时间的推移，污浊的空气将引起涡轮增压器的压气机叶轮磨损，从而最终会造成压缩压力降低。

回答 C 是错误的。空气滤清器阻塞会阻碍空气的流动并降低增压压力。

回答 D 是错误的。DPF 阻塞会阻碍空气的流动并降低增压压力。

2. 回答 A 是错误的。由于 EGT1、EGT2 和 EGT3 的读数都表明类似相近的温度，因此在此时它们很可能都工作正常。

B.2

回答 B 是错误的。所有排气温度传感器都表明了实际上相同的温度；因此它们都表现出其正常的功能。

回答 C 是错误的。所有排气温度传感器都非常接近地表明了相同的温度且故障码是未激活的，该温度传感器很可能表示了正确的温度。

回答 D 是正确的。技师应在晃动 EGT1 线路的同时监测该传感器的信号。其问题可能是线路松动。若未发现问题，技师应测量传感器和线路的阻值。

B.7

3. 回答 A 是错误的。失效的 ABS 控制器会向 ECM 发送一个信号以减小转矩的输出。

回答 B 是错误的。阻塞的 DPF 会提高排气背压从而降低发动机的功率。

回答 C 是错误的。卡滞的风扇离合器将导致风扇在所有时间始终运转；这将降低发动机至车轮的输出功率并增加燃油消耗。

回答 D 是正确的。安装在仪表台上的诊断开关失效会阻止操作者读取故障码，但不会影响发动机的输出功率。

C.7

4. 回答 A 是正确的。EGR 阀卡滞在打开位置将不会造成增压压力过高，尽管它可能引起功率降低。

回答 B 是错误的。EGR 阀卡滞在打开位置会导致加速不良，因为它将使过多的排气流入进气中。

回答 C 是错误的。EGR 阀自身不影响燃油压力；它影响进入发动机的空气流量。

回答 D 是错误的。EGR 阀自身虽然不会影响燃油压力；但低的燃油压力会导致发动机输出功率降低。

B.3

5. 回答 A 是正确的。仅技师 A 正确。若发动机不能起动，此问题可能是燃油已耗尽。

回答 B 是错误的。若是怠速停机计时器导致的发动机熄火，发动机应能再次起动。

回答 C 是错误的。仅技师 A 正确。

回答 D 是错误的。技师 A 是正确的。

B.2

6. 回答 A 是错误的。技师 B 也正确。

回答 B 是错误的。技师 A 也正确。

回答 C 是正确的。两技师都正确。该截图可以保存到工单以便该车将来有问题时进行判断；该截图也可被保存为一个文件以作为以后维修时的参考。

回答 D 是错误的。两技师都是正确的。

C.9

7. 回答 A 是错误的。可变气门执行器打开的是进气门，而不是排气门。

回答 B 是正确的。仅技师 B 正确。可变气门执行器打开进气门以帮助提高进气流量并降低排放。

回答 C 是错误的。仅技师 B 正确。

回答 D 是错误的。技师 B 是正确的。

后处理柴油氧化型催化器（DOC）入口温度	700 ℉（371.1℃）
后处理柴油颗粒过滤器（DPF）入口温度	600 ℉（315.6℃）
后处理柴油颗粒过滤器（DPF）出口温度	500 ℉（260℃）

B.5

8. 回答 A 是错误的。进行静态再生以清洁被阻塞的 DPF。这些温度低于正常值。该后处理系统没有使 DPF 足够热。

回答 B 是正确的。这些温度表明 DOC 已损坏。DOC 应提高进入 DPF 的空气温度。

回答 C 是错误的。该温度低于期望值，DOC 的工作是提高进入 DPF 的空气温度，而不是 DPF，它是最可能的问题。

回答 D 是错误的。由于 DPF 的两个传感器的读数显示低于正常温度，因此 DPF 出口传感器不太可能失效

9. 回答 A 是错误的。燃油液位过低会导致这种可转动但不能起动的状况。技师应目视检查燃油箱内燃油的液位而不是依赖仪表板的仪表。

B.4

回答 B 是错误的。ECM 失效会不能使喷油器工作。这将导致可转动但不能起动的状况。

回答 C 是正确的。机油压力低会导致使用液压电控泵喷嘴（HEUI）系统的发动机不能起动，因为需要机油压力驱动喷油器。它在 EUI 发动机上仅造成起动后熄火的抱怨，然而因为 EUI 发动机上的喷油器是由凸轮轴驱动的，所以 EUI 发动机不需要机油压力来驱动其喷油器。

回答 D 是错误的。若 ECM 没有接收到发动机位置传感器的信号，该发动机可转动但不能起动。

10. 回答 A 是错误的。ECM 通过控制可变几何参数涡轮增压器（VGT）来提高增压压力。

B.1

回答 B 是错误的。为将炭烟转换为颗粒，排气温度将升高至约 900 ℉（482.2℃）。

回答 C 是正确的。若一个故障码（DTC）被设置，它可能表明 DPF 已缺失或损坏。

回答 D 是错误的。燃油将被喷入排气流中以升高 DPF 内的温度。

11. 回答 A 是正确的。由于空气是可压缩的，可能需要松开排空螺钉或用合适的工具以使空气排出。

D.2

回答 B 是错误的。通常建议一次转动 30s，每次间隔 2min 以使起动机冷却下来。

回答 C 是错误的。仅技师 A 正确。

回答 D 是错误的。技师 A 是正确的。

12. 回答 A 是错误的。若后处理喷油器电磁阀开路将不会按照 ECM 的指令工作；此时 ECM 未检测到电流并会设置一个故障码（DTC）。

B.2

回答 B 是错误的。后处理喷油器电磁阀短路将导致大电流，ECM 将设置一个故障码（DTC）。

回答 C 是正确的。发动机制动开关有两个状态，即打开和闭合；因此，打开的开关并不是一个不正常的操作状态，并不会设置一个故障码（DTC）。

回答 D 是错误的。短路的 EPS2 将不发送信号。ECM 将 EPS1 与 EPS2 进行比较，并意识到 EPS2 发生故障，从而设置一个故障码（DTC）。

13. 回答 A 是错误的。插接器的插脚松动将设置一个不稳定类的故障码，但被设置的故障码应是与冷却液温度传感器有关，而不是与进气歧管温度传感器有关。

B.9

回答 B 是正确的。冷却液温度传感器插接器的插脚松动会造成信号的瞬间的变化，导致一个与此电路有关的不稳定类的故障码被设置。

回答 C 是错误的。该故障码是因为冷却液温度传感器设置的，而不是因进气歧管温度传感器。

回答 D 是错误的。冷却液温度传感器可能失效，但通常不稳定类的故障码是因电路中的连接松动而被设置的。

B.6

14. 回答 A 是错误的。这是一个有关温度的指示灯，不是阻塞的指示灯。

回答 B 是正确的。图示指示灯是警告排气温度高的状态。它指示再生正在进行，而不是指示需要立即进行维修。

回答 C 是错误的。这是指示排气温度高，而不是进气阻力高。

回答 D 是错误的。这是指示排气温度高，而不是进气温度高。

B.7

15. 回答 A 是正确的。若错误的编码被输入到仪表板中的输入装置时，汽车的安全系统可以阻止发动机起动。

回答 B 是错误的。ABS 控制器会减小发动机输出功率，但不会阻止发动机起动。

回答 C 是错误的。仅技师 A 正确。

回答 D 是错误的。技师 A 是正确的。

B.5

16. 回答 A 是错误的。技师 B 也正确。

回答 B 是错误的。技师 A 也正确。

回答 C 是正确的。两技师都正确。当故障码变为激活时，冻结帧数据被保存，即使该故障码变为非激活状态，其冻结帧数据仍将被保存。

回答 D 是错误的。两技师都是正确的。

B.11

17. 回答 A 是错误的。虽然失效的喷油器可导致 DPF 损坏，但没有该喷油器已经失效的证据。

回答 B 是正确的。若气缸衬垫失效将在一段持续的时间内使大量的冷却液流入 DPF，很可能 DPF 早已损坏了。

回答 C 是错误的。增压空气中冷器泄漏将引起发动机功率降低，但不应损坏 DPF。

回答 D 是错误的。EGR 阀失效会造成发动机功率降低，但不应损坏 DPF。

B.5

18. 回答 A 是错误的。没有电压至遥控 PTO 开关键意味着也没信号被发送给 ECM。

回答 B 是正确的。失效的驱动齿轮可能阻止 PTO 工作，但它不会阻止 ECM 接收来自开关的信号。

回答 C 是错误的。失效的 PTO 开关不可能发送信号至 ECM。

回答 D 是错误的。失效的 ECM 不可能识别来自遥控 PTO 开关的信号。

B.4

19. 回答 A 是正确的。燃油液位低可以导致无法起动的状况。然而它将不会阻止 ECM 与诊断工具之间的通信。

回答 B 是错误的。若 ECM 没有接地会阻止 ECM 工作，导致没有通信。

回答 C 是错误的。若 ECM 没有蓄电池正极电源会阻止 ECM 通信。这可能是因熔丝烧熔所致。

回答 D 是错误的。失效的数据总线会阻止 ECM 通信。但发动机是有可能被起动的。

20. 回答 A 是错误的。技师 B 也正确。

回答 B 是错误的。技师 A 也正确。

回答 C 是正确的。两技师都正确。EGR 阀和柴油排气液体系统都有助于降低 NOx 的排放。DPF 将微粒分离出来并将其转化为灰烬。

B.1

回答 D 是错误的。两技师都是正确的。

21. 回答 A 是错误的。磨损的凸轮可能是其原因。EUI 燃油系统使用凸轮产生喷射所需的压力。

回答 B 是错误的。喷油器线束故障通常与此故障是相关的。若线束没能为喷油器提供电压，将导致失火。

B.4

回答 C 是错误的。若排气门被烧损，该气缸压缩压力会低，从而导致失火。

回答 D 是正确的。若燃油供给压力低，它将影响所有气缸，而不仅仅是发动机中间部位的一个气缸。

22. 回答 A 是错误的。散热器被阻塞所造成的冷却液温度应更高。

回答 B 是错误的。EGR 中冷器被阻塞将导致 EGR 的温度比正常值高；它不会导致发动机机油温度比正常值高。

A.7，B.2

回答 C 是错误的。冷却液温度传感器失效会产生与冷却液温度有关的故障码，而不是机油温度的故障码。

回答 D 是正确的。由于冷却液温度和进气歧管温度都低，所以最可能的原因是机油温度传感器或线束存在故障。

23. 回答 A 是错误的。参考综合汽车有关信息（本书 24~45 页）提到的中等和重型综合汽车的可编程参数可设置在 20~100mile/h 之间。

回答 B 是正确的。参考综合汽车有关信息（本书 24~45 页）提到的中等和重型综合汽车的可编程参数是设置在 25mile/h。

B.3

回答 C 是错误的。30mile/h 的车速是可接受的可编程参数数值，但当前的设置是 25mile/h。

回答 D 是错误的。参考综合汽车有关信息（本书 24~45 页），45mile/h 应是可接受的设置，但综合汽车册子指明当前的设置是 25mile/h。

24. 回答 A 是错误的。ECM 插接器 1 中端子 6 处有开路将会导致喷油器 4 上的电流低，并影响喷油器 4 工作；它不会影响喷油器 1 和 2。

回答 B 是错误的。发动机接地的 G30 处有开路将可能影响发动机起动，因为 ECM 将没有完整的接地回路；它不会影响气缸 1 和 2 的喷油器。

A.5

回答 C 是错误的。两技师都不正确。

回答 D 是正确的。两技师都是不正确的。

25. 回答 A 是错误的。ECM 的 72 号端子处开路会导致没有电压到 APP，

B.5

因此它不可能为 APP 信号线发送 5V 的电压。

回答 B 是错误的。72 号端子对地短路将阻碍 APP 接收 5V 电压。

回答 C 是错误的。没有理由怀疑 ECM 有故障。该问题是 APP 在任何踏板位置都向 ECM 发送 5V 电压。

回答 D 是正确的。APP 已经失效。

C.10

26. 回答 A 是错误的。若该传感器被断开后，故障码变为非激活的，则该传感器应是此故障码的根源。

回答 B 是正确的。仅技师 B 正确。该传感器被短路。断开插接器 BX 等于去除了该短路。

回答 C 是错误的。仅技师 B 正确。

回答 D 是错误的。技师 B 是正确的。

D.7

27. 回答 A 是错误的。燃油传输泵是一个由机械驱动的泵。某些其他的发动机具有电动泵。

回答 B 是错误的。该发动机使用 EUI 燃油系统。

回答 C 是正确的。该发动机使用三个电源：一个用于喷油器 1 和 2，一个用于喷油器 3 和 4，一个用于喷油器 5 和 6。

回答 D 是错误的。燃油温度传感器是热敏元件的，它随温度改变其阻值。

A.6

28. 回答 A 是错误的。技师 B 也正确。

回答 B 是错误的。技师 A 也正确。

回答 C 是正确的。两技师都正确。综合汽车被设置为当发动机、进气和燃油温度高时将降低功率，并点亮 CEL 和 SEL 指示灯。

回答 D 是错误的。两技师都是正确的。

B.7

29. 回答 A 是错误的。该发动机配备 J1587 数据总线，但它不被用于此信号。

回答 B 是错误的。数据总线 J1708 是用于 J1587 和 J1922 的协议。

回答 C 是错误的。该发动机不配备 J1922 数据总线。

回答 D 是正确的。参考综合汽车册子，该信号是通过 J1939 数据总线发送的。

C.11

30. 回答 A 是错误的。发动机将因 EGR 排气温度高而降低功率输出；这可能是被阻塞的 EGR 中冷器所造成的。

回答 B 是错误的。发动机将因冷却液温度高而降低功率输出。冷却液温度高可能是因被阻塞的冷却系统所导致的。

回答 C 是正确的。ECM 没有编入根据冷却液压力来降低功率的设置，但排气背压高会造成功率降低的状况。

回答 D 是错误的。若检测到 DPF 阻力高，ECM 将降低发动机的功率。排气阻力高可能是由 DPF 阻塞所致。

D.4

31. 回答 A 是正确的。若 APP 传感器一个或两个信号出现故障，该发动机将仅有怠速。

回答 B 是错误的。若发动机机油压力传感器出现故障将导致发动机降低功率并关机。但不会导致仅有怠速。

回答 C 是错误的。冷却液液位低会导致发动机降低功率并关机，但不会导致仅有怠速的状况。

回答 D 是错误的。有故障的巡航控制开关可能导致巡航控制不起作用，但它不会导致仅有怠速的状况。

32. 回答 A 是错误的。由于此开关是常闭式开关，因此上述的电压降读数是正确。

回答 B 是错误的。若对地短路，则不论该开关在何位置，电压表读数都应是 0V。 B.8

回答 C 是错误的。两技师都不正确。

回答 D 是正确的。两技师都是不正确的。

33. 回答 A 是错误的。在加注冷却系统时必须小心；加注过快会导致空气聚集而形成气泡。

回答 B 是错误的。失效的 EGR 中冷器会使排气进入冷却系统。 C.12

回答 C 是错误的。有裂纹的气缸盖会使空气进入冷却系统，尽管在更换气缸盖衬垫时并没有检测到。

回答 D 是正确的。排气背压高会导致功率减小，但不会将空气引入冷却系统。

34. 回答 A 是错误的。起动时的燃油压力应是 20lbf/in^2。低的燃油压力会导致低的功率。

回答 B 是错误的。额定转速时的燃油压力应在 90~100lbf/in^2 之间。低的燃油压力会导致低的功率。 D.3

回答 C 是错误的。当发动机冷却液温度达到 225 ℉时，ECM 将减小输出功率。235 ℉的冷却液温度将导致功率降低 60%。

回答 D 是正确的。当发动机机油温度达到 260 ℉（126.7℃）时，ECM 将降低发动机的功率。

35. 回答 A 是正确的。仅技师 A 正确。电路 178 开路将阻止电压到达 ECM；这将造成无法起动的状况。

回答 B 是错误的。电路 171 开路将阻止安装在仪表台上的开关对 PTO 进行操作，但不会造成无法起动的状况。 B.6

回答 C 是错误的。技师 B 是错误的。

回答 D 是错误的。技师 A 是正确的。

36. 回答 A 是正确的。仅技师 A 正确。卡死的离合器将使风扇在带轮转动的所有时间都运转。

回答 B 是错误的。综合汽车的柴油发动机没有被编入根据进气歧管压力控制该风扇的程序。 B.4

回答 C 是错误的。仅技师 A 正确。

回答 D 是错误的。技师 A 是正确的。

37. 回答 A 是错误的。VGT 卡滞在打开位置不会影响 EGR 的通信，但可能导致功率降低。 C.8

回答B是错误的。EGR阀卡滞在关闭位置会设置EGR位置错误的故障码。但不会设置EGR通信故障的故障码。

回答C是正确的。IX的插脚2被EGR阀用于连接J1939数据总线。

回答D是错误的。KX插脚1将影响后处理燃油切断阀，而不是EGR阀。

D.2 38. 回答A是错误的。# 5缸和 # 6缸间的气缸衬垫泄漏会造成这两个气缸压缩压力损失并失火。

回答B是正确的。铰接点S11处开路将会影响#1缸和#2缸。

回答C是错误的。# 4缸喷油器下压螺栓的松动会导致燃烧室气体进入燃油流中。这将导致因 # 5缸和 # 6缸喷油器的失火，因为它们在#4缸后获得燃油。

回答D是错误的。铰接点S13处开路将阻止ECM的电压达到 # 5和 # 6喷油器，从而造成 # 5缸和 # 6缸的失火。

A.7 39. 回答A是错误的。发动机将在7lbf/in^2@1000r/min的状态时关机。该发动机将在低于15lbf/in^2@1000r/min降低功率，但不会关机，除非机油压力降到8lbf/in^2@1000r/min以下。

回答B是错误的。18lbf/in^2@1000r/min的读数将不会引起性能方面的问题；当发动机运转转速为1000r/min且机油压力为15lbf/in^{2}时开始降低功率。

回答C是正确的。20lbf/in^2@1400r/min的读数将导致发动机降低功率，但不会关机。

回答D是错误的。该发动机被编程为当机油压力低于12lbf/in^2@1400r/min时关机。

B.6 40. 回答A是错误的。插脚41开路将仅影响CEL指示灯。

回答B是错误的。插脚42开路将仅影响SEL指示灯

回答C是正确的。铰接点36开路会阻止两指示灯泡接收所需的12V电源。

回答D是错误的。电路148开路将阻止车速传感器（VSS）信号到达ECM。它不妨碍SEL或CEL指示灯的工作。

D.3 41. 回答A是正确的。冷却液液位高不是用于将发动机推入保护模式的参数，但冷却液液位低却是。

回答B是错误的。冷却液液位低会损坏发动机，并将使ECM进入到保护模式。

回答C是错误的。机油液位低会损坏发动机，并将使ECM进入到保护模式。

回答D是错误的。燃油温度高会损坏喷油器部件，使用ECM将进入到保护模式直到燃油温度被降低。

B.7 42. 回答A是错误的。电路314将同时影响EGR和VGT的工作。

回答B是错误的。电路313将使VGT和EGR与J1939数据总线的连接断开。这将同时影响它们两个的工作。

回答C是错误的。电路320会影响这两者，因为它是VGT和EGR的公共地线。

回答 D 是正确的。电路 315 是供给 EGR 的电源。这将造成 EGR 不工作的问题。

43. 回答 A 是错误的。该燃油系统具有回油管路。

回答 B 是错误的。燃油温度传感器位于分配缸中，不在初级燃油滤清器中。

回答 C 是错误的。两技师都不正确。 D.3

回答 D 是正确的。两技师都是不正确的。

44. 回答 A 是错误的。技师 B 也正确。

回答 B 是错误的。技师 A 也正确。

回答 C 是正确的。两技师都正确。在综合汽车柴油发动机上，冷却风扇的结合被编程为根据冷却液温度传感器或进气歧管温度传感器的信号工作，因此，若任一个传感器向 ECM 发送高温信号，这会引起该问题。 B.3

回答 D 是错误的。两技师都是正确的。

45. 回答 A 是错误的。在较老机型上，技师 A 的表述是正确的。然而综合柴油发动机装有 DPF，它捕捉了烟雾。

回答 B 是正确的。仅技师 B 正确。若发动机位置传感器失效，ECM 将不再接通喷油器。这将导致无法起动。 D.1，D.3

回答 C 是错误的。仅技师 B 正确。

回答 D 是错误的。技师 B 是正确的。

模拟考试 3——标准答案

1. A
2. A
3. C
4. A
5. C
6. D
7. B
8. D
9. D
10. C
11. D
12. D
13. C
14. A
15. D
16. B
17. B
18. B
19. D
20. C
21. B
22. A
23. D
24. D
25. A
26. C
27. A
28. B
29. C
30. D
31. C
32. A
33. D
34. D
35. C
36. C

37. A　　42. B
38. C　　43. C
39. D　　44. A
40. C　　45. D
41. D

模拟考试 3——答案解释

1. 回答 A 是正确的。损坏的空气滤清器会使杂质进入空气流中并磨损该叶轮，从而导致进气歧管压力低。

A.8，C.1

回答 B 是错误的。EGR 阀卡滞在关闭位置将不会造成进气歧管压力低或磨损叶轮。这会导致高于正常值的排放。

回答 C 是错误的。废气门卡滞在打开位置会导致涡轮增压器非常慢地建立起进气歧管压力，但不会磨损叶轮。

回答 D 是错误的。失效的后处理喷油器会引起柴油氧化型催化器（DOC）或柴油微粒过滤器（DPF）损坏，但不会造成叶轮损伤。

2. 回答 A 是正确的。使用预热塞的柴油发动机不使用乙醚喷射；因此失效的乙醚喷射电磁阀应是最不可能的原因。

B.7

回答 B 是错误的。气缸组 1 的预热塞线束开路会设置与 1、3、5 和 7 缸预热塞相关的激活的故障码（DTC）。

回答 C 是错误的。压缩压力低可能导致无法起动的状况。气缸压缩压力低的发动机将因重复的起动电流常常出现预热塞被烧断的状况。

回答 D 是错误的。有故障的预热塞控制器可能阻碍 1、3、5 和 7 缸预热塞的工作并导致无法起动的状况。

3. 回答 A 是错误的。断裂的排气摇杆将阻止排气被排出，这将妨碍气缸的散热并导致活塞被烧熔。

C.11

回答 B 是错误的。被卡滞在打开位置的喷油器会向气缸内泵入过多的燃油，这将导致活塞被烧熔。

回答 C 是正确的。被卡滞在关闭位置的喷油器不会向气缸内泵入燃油。这将会导致气缸过冷，但不会造成活塞烧熔。

回答 D 是错误的。错位的活塞冷却喷嘴将导致活塞因接收不到足够的冷却油雾而过热并造成烧熔。

4. 回答 A 是正确的。仅技师 A 正确。失效的离合器位置开关将阻碍 ECM 识别离合器的真实位置，因此突然使变速器不能换入档位。

B.7

回答 B 是错误的。失效的巡航控制开关将阻碍巡航控制的操作，但不影响变速器换入档位。

回答 C 是错误的。仅技师 A 正确。

回答 D 是错误的。技师 A 是正确的。

5. 回答 A 是错误的。技师 B 也正确。

A.9，C.1

回答 B 是错误的。技师 A 也正确。

回答 C 是正确的。两技师都正确。排气歧管松动将使排气能量在达到涡轮增压器之前逃脱。进气歧管松动将使被压缩空气逃脱。这两种状况都将导致进气歧管压力低。

回答 D 是错误的。两技师都是正确的。

6. 回答 A 是错误的。有故障的 APP 将使发动机不能加速，但不会导致无法起动。

回答 B 是错误的。有故障的环境温度传感器若上报存在过热的状态将可能使发动机降低功率，但不会导致无法起动的状况。

B.4

回答 C 是错误的。两技师都不正确。

回答 D 是正确的。两技师都是不正确的。

7. 回答 A 是错误的。在更换喷油器的过程中，通常都需要向 ECM 写入新的校准编码。若写入失败可能导致怠速粗暴和 / 或该气缸的性能不良。

回答 B 是正确的。这是一个共轨式燃油系统的喷油器，它没有摇杆臂。

D.5，D.9

回答 C 是错误的。在任何维修过程中，都应清除故障码并确保在路试中故障码不再重复出现。

回答 D 是错误的。在维修后，发动机必须进行运转测试，以确保最初的问题已修复且没有新的故障出现。

8. 回答 A 是错误的。失效的扭转减振器会引起敲击噪声，然而该敲击不会仅与单个气缸相关。

回答 B 是错误的。失效的双质量飞轮会导致敲击噪声；但不会仅与单个气缸相关。若停用某个气缸而敲击声减小，则最可能的原因是连杆轴承磨损。

A.10

回答 C 是错误的。两技师都不正确。

回答 D 是正确的。两技师都是不正确的。

9. 回答 A 是错误的。可变气门执行器系统使用发动机机油来工作，而不是来自制动系统的压缩空气

回答 B 是错误的。可变气门执行器系统在发动机制动工作期间打开气门，以增加空气流量和减少排放。但它不是与发动机制动配合工作。

C.9

回答 C 是错误的。两技师都不正确。

回答 D 是正确的。两技师都是不正确的。

10. 回答 A 是错误的。若 J1939 数据总线开路，则 ABS 不会正常工作。

回答 B 是错误的。若 J1939 数据总线短路，则 ABS 将不工作。

回答 C 是正确的。VSS 开路会导致车速表和巡航控制的功能失效。但 ABS 仍可正常工作，因为它使用轮速传感器而不是车速传感器。

B.7

回答 D 是错误的。即便巡航控制开关出现问题，车速表仍可正常工作。

11. 回答 A 是错误的。燃油滤清器阻塞将减少燃油流量，降低排气温度，并减小增压压力。

回答 B 是错误的。空气滤清器阻塞将减少空气流量和增压压力。

C.12

回答 C 是错误的。DPF 阻塞将减少空气流量和增压压力。

回答 D 是正确的。机油回流管路阻塞将导致涡轮轴承室内浸满机油，并使机油流过涡轮。但它不会造成涡轮产生的增压压力低。

B.6

12. 回答 A 是错误的。该货车将运转在高于正常怠速转速下以帮助暖机。

回答 B 是错误的。该指示灯与遥控节气门无关；它是“Optimized Idle（被优化的怠速）”指示灯。

回答 C 是错误的。若存在 APP 的故障码（DTC），CEL 指示灯应被点亮。

回答 D 是正确的。该货车将关机并自动重新起动以保持驾驶舱内的温度和 / 或冷却液温度。

C.8

13. 回答 A 是错误的。节气门阀板动作受阻会导致电流增加，且节气门阀不会动作。这将设置该故障码。

回答 B 是错误的。TPS 卡滞将导致向 ECM 报告错误的 TPS 位置并设置该故障码。

回答 C 是正确的。APP 卡滞将造成加速踏板位置的错误信号被发送给 ECM。这将导致设置与加速踏板相关的故障码，而不会是 EGR 空气流量节气门阀的故障码。

回答 D 是错误的。至 EGR 节气门阀板的线束短路将设置该故障码。

B.7

14. 回答 A 是正确的。仅技师 A 正确。在某些货车上，巡航控制开关可被用于提高或降低怠速转速以帮助发动机平稳运转。

回答 B 是错误的。最大转速是发动机校准的设置内容，且不能用巡航控制开关进行调整。

回答 C 是错误的。仅技师 A 正确。

回答 D 是错误的。技师 A 是正确的。

D.6

15. 回答 A 是错误的。HEUI 燃油系统使用高压的发动机机油控制喷油器。添加剂已耗尽的发动机机油会导致发动机怠速粗暴和输出功率低。

回答 B 是错误的。喷油器磨损会导致冒烟和性能不良。

回答 C 是错误的。有故障的 ICP 传感器会造成 ECM 对喷射压力的控制不稳定，从而导致怠速粗暴和输出功率低。

回答 D 是正确的。废气阀卡滞在打开位置将导致发动机性能不良，但不会影响怠速的品质。

B.8

16. 回答 A 是错误的。电阻增加，电流将降低。

回答 B 是正确的。仅技师 B 正确。若电阻不变，随着电压提高，电流将增加。

回答 C 是错误的。仅技师 B 正确。

回答 D 是错误的。技师 B 是正确的。

C.10

17. 回答 A 是错误的。电路 302 是来自传感器的信号线。若其开路，将会设置一个故障码。

回答 B 是正确的。电路 305 是来自 EGR 温度传感器的信号线。它将引起 EGR 系统的故障码，而不会是曲轴箱通风系统的。

回答 C 是错误的。曲轴箱过滤器阻塞将导致不正常的曲轴箱压力，并设置故障码。

回答 D 是错误的。曲轴箱过滤器缺失将导致不正常的曲轴箱压力，并设置故障码。

18. 回答 A 是错误的。新的部件有故障是非常少见的。最可能的原因是原先的部件没有失效而是技师的诊断有失误。

B.11

回答 B 是正确的。至该传感器的管路非常易于堵塞。这是出现该故障码的最可能原因。

回答 C 是错误的。DPF 失效会设置与 DPF 有关的故障码，而不会是 EGR 的故障码。

回答 D 是错误的。有故障的 DOC 将设置 DOC 失效的故障码，而不会是 EGR 的故障码。

19. 回答 A 是错误的。ECM 插接器 1 的插脚 9 电路开路将阻止喷油器接地，并引起 #1 缸失火。

B.9

回答 B 是错误的。ECM 插接器 1 的插脚 10 电路开路不会影响发动机制动电磁阀 3，将会影响制动电磁阀 1 和 2。

回答 C 是错误的。ECM 插接器 1 的插脚 11 电路开路将仅影响制动电磁阀 3，而不是电磁阀 1 和 2。

回答 D 是正确的。ECM 插接器 1 的插脚 12 电路开路，将使所有三个制动电磁阀的地线开路，并阻止发动机制动起作用。

20. 回答 A 是错误的。主轴承磨损会导致机油压力低。但机械压力表指示机油压力正常。

A.7

回答 B 是错误的。机油泵磨损会导致机油压力低。但机械压力表指示机油压力正常。

回答 C 是正确的。若传感器单元有故障，电子控制模块（ECM）会接收到错误的机油压力信号。这就是此处出现的现象。失效的传感器单元向 ECM 发送了不正确的信号。机械压力表指示的机油压力在规定范围内。

回答 D 是错误的。机油压力安全释放阀卡滞在打开位置，将导致机油压力低，但机械压力表的指示高于规定值。

21. 回答 A 是错误的。在怠速停机的 30s 前，SEL 指示灯开始闪烁，而不是 CEL 指示灯。

B.7

回答 B 是正确的。驾驶人可以通过踏下离合器踏板、行车制动踏板或加速踏板来撤销怠速停机计时器。

回答 C 是错误的。仅技师 B 正确。

回答 D 是错误的。技师 B 是正确的。

22. 回答 A 是正确的。ECM 被编程为根据进气歧管温度控制该冷却风扇。进气歧管温度高的错误信号将导致该风扇持续运转。

C.2

回答 B 是错误的。失效的发动机位置传感器会设置一个激活的故障码，并引起 SEL 指示灯点亮，但不会造成该风扇持续运转。

回答 C 是错误的。仅技师 A 正确。

回答 D 是错误的。技师 A 是正确的。

23. 回答 A 是错误的。在没有 EGT3 的有效信号时，ECM 不会执行 DPF 的主动再生。

B.9 回答 B 是错误的。当 EGT3 温度高时，HETS 指示灯闪烁。

回答 C 是错误的。在 EGT3 的确切温度不能被确定的情况下，ECM 将不执行 DPF 的再生。

回答 D 是正确的。EGT 传感器上的开路将设置故障码，并点亮 SEL 指示灯。

24. 回答 A 是错误的。电路 170 开路将阻止 ECM 接收来自 PTO 开关的信号。这将导致安装在驾驶舱内的 PTO 开关无法操作该取力器（PTO）。

D.4 回答 B 是错误的。ECM 插接器 3 的插脚 71 是用于安装在驾驶舱内的 PTO 开关的信号。若它开路，则安装在驾驶舱的 PTO 开关将不能使 PTO 工作。

回答 C 是错误的。若安装在驾驶舱的 PTO 开关不能打开将阻止其工作。

回答 D 是正确的。电路 170 开路将阻碍远程控制 PTO 正确工作。

25. 回答 A 是正确的。插接器 XX 上的电路开路将会阻碍在 J1939 数据总线上其他的控制模块与诊断工具进行通信。但诊断工具仍可在 J1587 上进行通信。

B.7 回答 B 是错误的。电路 562 的开路将会阻碍 J1587 的通信。

回答 C 是错误的。电路 561 上的特性将影响后处理 DPF 压差传感器的信号。它不会阻碍数据总线的通信。

回答 D 是错误的。插接器 YX 的端子 B 处的电路开路，将阻碍诊断工具从数据传输插接器上接收 B+ 电源，并可以阻碍诊断工具的通信。它不阻碍该数据总线上的模块之间进行通信。

26. 回答 A 是错误的。在更换喷油器过程中，若技师写入正确的喷油器校准编码失败，发动机仍会工作不良。

D.7，D.8 回答 B 是错误的。在安装电控泵喷嘴（EUI）时需要设置在正确高度。若这个正确调整失败会导致发动机性能不良。

回答 C 是正确的。初级燃油滤清器阻塞在各缸做功一致性测试中将不会仅影响一个气缸。

回答 D 是错误的。喷油器凸轮磨损会导致该气缸的性能不良。这可能是该故障的原因。

27. 回答 A 是正确的。图示为 HEST 指示灯；当 ETG3 高于 850 ℉（454.4℃）时该灯被点亮。

B.2 回答 B 是错误的。当 DPF 被阻塞后，后处理再生状态指示灯将被点亮。

回答 C 是错误的。当冷却液温度高时，ECM 将点亮 CEL 和 SEL 指示灯。

回答 D 是错误的。当 ECM 已经存储了非激活的故障码时，CEL 指示灯被点亮。

28. 回答 A 是错误的。这小于正确的规范值。0.05~0.5 Ω 的电阻表明喷油器短路。

B.8 回答 B 是正确的。正确的规定值是电阻在 0.5~5.0 Ω 之间。

回答 C 是错误的。这高于正确的规范值。5.0~50.0Ω 之间的电阻将表明该喷油器已失效。

回答 D 是错误的。这是一个过大的电阻值，50.0~500.0Ω 的电阻表明该喷油器已失效。

29. 回答 A 是错误的。技师 B 也正确。发动机冷却风扇开关短路，等同于它被闭合。这告诉 ECM 对发动机冷却风扇电磁阀断电，从而使冷却风扇连续运转。 D.8

回答 B 是错误的。技师 A 也正确。冷却风扇电磁阀阻抗过大将不能动作。若电磁阀不动作，则该风扇将连续运转。

回答 C 是正确的。两技师都正确。

回答 D 是错误的。两技师都是正确的。

30. 回答 A 是错误的。车速传感器阻抗的规范值在 1100~1500Ω。 B.8

回答 B 是错误的。该车速传感器是一个两线的传感器。

回答 C 是错误的。两技师都不正确。

回答 D 是正确的。两技师都是不正确的。

31. 回答 A 是错误的。技师 B 也正确。 B.9

回答 B 是错误的。技师 A 也正确。

回答 C 是正确的。两技师都正确。冷却液液位传感器分享 ECM 插接器 3 中插脚 77 的公共地线。插接器 K 被确定为冷却液液位传感器上的四线插接器。

回答 D 是错误的。两技师都是正确的。

32. 回答 A 是正确的。在 J1939 数据总线上并联安装有两个 120Ω 的电阻；因此正确的测量值是 60Ω。 B.9，B.8

回答 B 是错误的。120Ω 的测量值表示有一个电阻缺失了。

回答 C 是错误的。240Ω 的阻值是正确值的 4 倍，它表明电路中存在过大的阻抗。

回答 D 是错误的。360Ω 的电阻是过大了，很可能会造成数据总线上无法通信。

33. 回答 A 是错误的。尽管某些制造商将一个终端电阻安装在 VGT 执行器上，但综合汽车的发动机不采用这种连接方式。两个电阻都在外部。 B.2

回答 B 是错误的。J1939 线束连接在 ECM 插接器 4 中的第 464 和 465 插脚上。

回答 C 是错误的。两技师都不正确。

回答 D 是正确的。两技师都是不正确的。

34. 回答 A 是错误的。被阻塞的后处理喷油器可能会阻碍 DPF 再生系统的正常工作；然而它不会引起单个气缸失火。 D.3

回答 B 是错误的。燃油系统压力低可能是由燃油滤清器阻塞造成的。它不是由被阻塞的后处理喷油器造成的。

回答 C 是错误的。两技师都不正确。

回答 D 是正确的。两技师都是不正确的。

B.6

35. 回答 A 是错误的。技师 B 也正确。

回答 B 是错误的。技师 A 也正确。

回答 C 是正确的。两技师都正确。CEL 指示灯表示非激活的故障码，并与 DPF 指示灯一起被用于表示 DPF 的状态。SEL 指示灯表示激活的故障码，并与 DPF 指示灯一起被用于表示 DPF 的状态。

回答 D 是错误的。两技师都是正确的

B.2

36. 回答 A 是错误的。怠速关机计时器可将关机时间设置为怠速运转 1~100min 后关闭发动机。

回答 B 是错误的。当冷却液温度高于 240 ℉（115.6℃）时会关闭发动机。

回答 C 是正确的。被阻塞的后处理喷油器可能会减少喷油量，但不会导致发动机被关闭。

回答 D 是错误的。当机油压力低于给定转速下的设置压力时，会导致发动机关闭。

B.10，D.3

37. 回答 A 是正确的。穿过 ECM 冷却板 X 点和 Y 点之间 $1lbf/in^2$ 的压力降是可接受的。该问题是燃油压力远低于规范值，这将导致发动机功率低。

回答 B 是错误的。被阻塞的第二级滤清器会造成燃油压力低，它将导致功率低。

回答 C 是错误的。磨损的传输泵将会导致燃油压力低，因此功率低。

回答 D 是错误的。卡滞在打开位置的压力调节阀会导致燃油压力低和功率低。

B.2

38. 回答 A 是错误的。若电路 172 开路，则在端子 73 上将不会有信号电压。

回答 B 是错误的。若电路 173 开路，则在端子 73 上将不会有信号电压。

回答 C 是正确的。来自 APP1 的信号电压低于规范值。APP1 可能有故障。

回答 D 是错误的。技师诊断的是 APP1，而不是 APP2。该故障码是用于 APP1 的。

B.6，B.8，B.9

39. 回答 A 是错误的。该测试结果表明 ECM 与 S50 之间的电路 180 可能有电压降，所以这可能是故障原因。

回答 B 是错误的。在 G30 处的松动可能是该电压降的根源。

回答 C 是错误的。在 S50 处的腐蚀可能是该电压降的根源；这将导致无法起动的状况。

回答 D 是正确的。没有检查电路 179 上的电压降。

B.8

40. 回答 A 是错误的。在 $50lbf/in^2$ 情况下，5.0V 的读数是可接受的。

回答 B 是错误的。在 $37.5lbf/in^2$ 情况下，3.5V 的读数是可接受的。

回答 C 是正确的。在 $25lbf/in^2$ 情况下，2.5V 的读数是可接受的。

回答 D 是错误的。在大气压力情况下，0.5V 的读数是可接受的。

B.10

41. 回答 A 是错误的。正确的最小规定值是 9.0V。

回答 B 是错误的。正确的最大规定值时 16.0V。

回答 C 是错误的。每个喷油器的电阻应在 0.5~5.0Ω 之间。

回答 D 是正确的。喷油器的电源应在 100~120V 之间。

42. 回答 A 是错误的。燃油温度传感器是一个热敏元件。高的燃油温度信号是低的电阻造成的，而不是高的阻值。

D.7

回答 B 是正确的。仅技师 B 正确。该燃油流过 ECM 冷却板以冷却发动机 ECM。

回答 C 是错误的。仅技师 B 正确。

回答 D 是错误的。技师 B 是正确的。

43. 回答 A 是错误的。6~160Ω 之间的阻值范围低于综合汽车有关信息（本书 24~25 页）中规定的标准值；此范围内的阻值将会在 ECM 中设置故障码。

B.8

回答 B 是错误的。600~16000Ω 之间的阻值范围远宽于综合汽车有关信息（本书 24~25 页）中规定的标准值。使用此范围的标准可能会导致误诊。

回答 C 是正确的。该标准值是在 600~1600Ω。

回答 D 是错误的。6000~16000Ω 之间的阻值范围是过高的。正确的标准范围是在 600~1600Ω 之间。

44. 回答 A 是正确的。电路 152 将影响巡航控制，它将不会影响的功率降低。

D.3

回答 B 是错误的。电路 16 开路将导致 # 4 缸失火和功率低。

回答 C 是错误的。45lbf/in^2 的燃油压力小于规定值。这将导致功率低。

回答 D 是错误的。EGR 压差传感器被用于确定 EGR 的流量。若该传感器失效，ECM 将误算 EGR 流量，造成功率低。

45. 回答 A 是错误的。若存在一个激活的车速传感器故障，则因安全原因，该怠速关机计时器被禁止工作。

B.10

回答 B 是错误的。为使怠速关机计时器工作，环境空气温度必须在 40 ℉（4.4℃）和 80 ℉（26.7℃）之间。

回答 C 是错误的。为使怠速关机计时器工作，发动机冷却液温度必须高于 140 ℉（60.0℃）。

回答 D 是正确的。该行车制动踏板开关必须被闭合，以允许该怠速关机计时器工作。

模拟考试 4——标准答案

1. C	10. C
2. B	11. D
3. C	12. B
4. D	13. C
5. A	14. B
6. C	15. B
7. D	16. B
8. A	17. D
9. D	18. D

19. C
20. D
21. A
22. A
23. B
24. D
25. B
26. D
27. A
28. A
29. C
30. D
31. D
32. C
33. B
34. B
35. D
36. D
37. C
38. B
39. C
40. D
41. D
42. B
43. B
44. C
45. B

模拟考试 4——答案解释

B.6

1. 回答 A 是错误的。技师 B 也正确。

回答 B 是错误的。技师 A 也正确。

回答 C 是正确的。两技师都正确。蓄电池电压低、蓄电池正极或负极任一电缆上的电压降过大，和 / 或起动机不良都会造成低的起动转速而使发动机无法起动。

回答 D 是错误的。两技师都是正确的。

C.5

2. 回答 A 是错误的。若预热塞计时器开路，所有预热塞都将不工作。

回答 B 是正确的。3-8 缸的预热塞没有电流消耗；它们最可能存在开路，并应更换。

回答 C 是错误的。压缩压力低会导致发动机在寒冷天气下起动困难，但测量结果表明预热塞已失效。

回答 D 是错误的。发动机位置传感器会导致柴油发动机不能起动，但测量结果表明预热塞已失效。

B.3

3. 回答 A 是错误的。当刷新安装在发动机上的 ECM 时，必须连接蓄电池的电缆。这是 ECM 接收蓄电池电压的途径。

回答 B 是错误的。当刷新货车上的 ECM 时，蓄电池两根电缆必须连接在蓄电池上。若断开蓄电池的电缆，ECM 将接收不到蓄电池的电压，刷新也不会发生。

回答 C 是正确的。在刷新过程中，蓄电池保持器应连接到汽车上以保证蓄电池的电压不会下降到过低，否则 ECM 的刷新可能会失败。

回答 D 是错误的。不应使用高率充电器；因为它会使蓄电池电压在刷新过程中提升过高并导致刷新失败。

4. 回答 A 是错误的。燃油压力低会导致发动机接收到少于起动所需燃油量的燃油。 B.6

回答 B 是错误的。燃油液位低会造成发动机缺乏燃油而导致不起动。

回答 C 是错误的。发动机位置传感器开路将不向 ECM 发送正确信号，所以 ECM 相应也不控制喷油器工作。

回答 D 是正确的。VSS 开路可能阻碍巡航控制正常工作，但不会阻碍发动机起动。

5. 回答 A 是正确的。即使摆动叶片被卡滞，VGT 仍可进行通信。只是 VGT 不能转动叶片了。 C.3

回答 B 是错误的。当 VGT 的摆动叶片被卡滞，通常会设置与 VGT 位置传感器相关的故障码。这是因为 ECM 已经指令 VGT 移动该叶片，但其位置传感器没有反映出位移。

回答 C 是错误的。卡滞的摆动叶片会导致 VGT 的增压压力低于正常值。这将降低输出功率。

回答 D 是错误的。卡滞的摆动叶片会导致 VGT 的增压压力低于正常值。这将造成加速不良。

6. 回答 A 是错误的。EGT1 的 660 ℉（348.9℃）是一个大约正常的温度。对 EGT1 来讲，1000 ℉（537.8℃）将是高于正常值的温度。 B.5

回答 B 是错误的。EGT2 的温度高于 EGT1，这表明该 DOC 的功能正常。对 EGT2 来讲，1600 ℉（871.1℃）将是高于正常值的温度。

回答 C 是正确的。所有 EGT 的值都是正常的。EGT2 的温度值应高于 EGT1，EGT3 的温度值应与 EGT2 大约相同。

回答 D 是错误的。EGT3 是基本正常的温度值。对 EGT3 来讲，1800 ℉（982.2℃）将是高于正常值的温度。

7. 回答 A 是错误的。装有排气后处理装置的货车通常会有较高的排气背压；该压力使用水银压力计或机械压力表进行测量。 C.4

回答 B 是错误的。高于正常值的排气背压可能是因 DPF 被堵塞而造成的，不会是因为 DPF 缺失。

回答 C 是错误的。两技师都不正确。

回答 D 是正确的。两技师都是不正确的。

8. 回答 A 是正确的。仅技师 A 正确。失效的 IPR 会造成非常低的喷射作用压力，这将导致喷油器不提供燃油。 D.6

回答 B 是错误的。进气歧管压力传感器开路会导致低的功率或冒烟；但它不会造成不起动。

回答 C 是错误的。仅技师 A 正确。

回答 D 是错误的。技师 A 是正确的。

9. 回答 A 是错误的。卡滞的脚踏制动阀会造成制动被施加。若制动开关表明制动已被施加，则巡航控制和怠速关机计时器都将被禁用。 B.7

回答 B 是错误的。巡航控制和怠速关机计时器都依赖于正确的 VSS 信号。

失效的 VSS 信号会导致两者都不工作。

回答 C 是错误的。巡航控制和怠速关机计时器都依赖于正确的来自 APP 传感器的信号。失效的 APP 传感器会导致两系统都不工作。

回答 D 是正确的。卡滞的巡航控制开关影响的是巡航控制，但不是怠速关机计时器。

C.6

10. 回答 A 是错误的。技师 B 也正确。

回答 B 是错误的。技师 A 也正确。

回答 C 是正确的。两技师都正确。可使用诊断工具或仪表台上的开关（若装有）进行 DPF 的静态再生。注意：某些汽车没有安装在仪表台上的开关。

回答 D 是错误的。两技师都是正确的。

B.6，B.8

11. 回答 A 是错误的。压缩制动调整不正确会导致压缩制动弱。

回答 B 是错误的。1 个电磁阀开路会导致制动性能不良，因为 6 个气缸中可能仅有 4 个气缸进行了制动。

回答 C 是错误的。主活塞密封泄漏将会导致该制动不能正确打开排气门，从而造成制动性能不良。

回答 D 是正确的。若制动选择器开关不能打开，则在三个电磁阀上都将是 0V 电压。

C.7

12. 回答 A 是错误的。ECM 冷却器中有燃油通过以冷却 ECM。此冷却器中没有发动机冷却液。

回答 B 是正确的。EGR 冷却器是使用冷却液的；这可能是冷却系统不能保持住压力的原因。

回答 C 是错误的。压缩空气冷却器是空气对空气冷却方式。它不会导致冷却系统的泄漏。但应注意，某些货车使用水套式二次冷却器，这可能会使冷却系统泄漏

回答 D 是错误的。动力转向冷却器不使用冷却液。

B.1

13. 回答 A 是错误的。技师 B 也正确。

回答 B 是错误的。技师 A 也正确。

回答 C 是正确的。两技师都正确。若 DOC 或 DPF 被损坏，它将造成排气受阻。这将导致功率降低。被阻塞的排气系统会导致发动机输出功率低。

回答 D 是错误的。两技师都是正确的。

D.8

14. 回答 A 是错误的。若从 ECM 上断开该线后，发动机可起动，则 ECM 没有故障。反倒是该线被短路，会导致 ECM 进入保护模式。

回答 B 是正确的。仅技师 B 正确。线路短路增加电流消耗。某些 ECM 将完全关机以防止 ECM 过载。

回答 C 是错误的。仅技师 B 正确。

回答 D 是错误的。技师 B 是正确的。

C.6

15. 回答 A 是错误的。有故障的 DPF 压差传感器将禁止 DPF 的再生，但不会阻止发动机的起动。

回答 B 是正确的。失效的发动机位置传感器不能向 ECM 发送信号，所

以 ECM 不会给喷油器通电。

回答 C 是错误的。卡滞在关闭位置的后处理喷油器将阻碍 DPF 的主动再生，但不会阻止发动机的起动。

回答 D 是错误的。卡滞在关闭位置的后处理燃油切断阀将阻碍 DPF 的主动再生，但不会阻止发动机的起动。

16. 回答 A 是错误的。开路的机油温度传感器不会使其他传感器也设置故障码。

B.2

回答 B 是正确的。这些传感器常常共用一根电源线或接地线。共享此线路的所有传感器将因该线的开路而被同时设置故障码。

回答 C 是错误的。一个传感器信号线的开路不会造成其他传感器失效。

回答 D 是错误的。若汽车过热，有可能设置故障码，但环境空气温度不应被影响。

17. 回答 A 是错误的。图示的喷油器是高压共轨（HPCR）燃油系统的喷油器。它接收来自高压油泵的高压燃油，而不使用发动机机油来建立喷射压力。HEUI 喷嘴才使用高压机油来建立喷射柴油所需的压力。

D.5

回答 B 是错误的。图示的喷油器是高压共轨（HPCR）燃油系统的喷油器。它接收来自高压油泵的高压燃油。EUI 喷油器使用凸轮轴凸轮和摇臂来建立喷射柴油所需的高压。

回答 C 是错误的。两技师都不正确。

回答 D 是正确的。两技师都是不正确的。

18. 回答 A 是错误的。轮胎每英里的转数应被设置为 501。600 的设置会导致错误的车速表读数。

A.11

回答 B 是错误的。尾轴齿数应设置为 16。18 齿数的设置会导致错误的车速表读数。

回答 C 是错误的。后桥速比应设置为 4∶1。5∶1 的设置会导致错误的车速表读数。

回答 D 是正确的。发动机最大转速设置在 2000r/min，会允许高于规定的发动机转速。即使 VSS 失效，也不会导致错误的车速表读数。

19. 回答 A 是错误的。执行器臂受阻会阻碍滑动喷嘴的工作，并将设置与电动机相关的故障码。

B.1，B.6

回答 B 是错误的。当前使用的 VGT 主要有两类，即滑动喷嘴和摆动叶片。综合汽车使用的是滑动喷嘴设计。

回答 C 是正确的。综合汽车上的 VGT 使用的是滑动喷嘴，不是摆动叶片。

回答 D 是错误的。VGT 电动机卡滞将阻碍其转动，并设置与此相关的故障码。

20. 回答 A 是错误的。在等级 1 的炭烟负荷时，DPF 状态指示灯将被点亮。

B.2

回答 B 是错误的。在等级 2 的炭烟负荷时，DPF 状态指示灯将被闪烁。

回答 C 是错误的。在等级 3 的炭烟负荷时，DPF 状态指示灯将闪烁，同时 CEL 指示灯点亮。

回答 D 是正确的。在等级 4 的炭烟负荷时，DPF 状态指示灯将闪烁，同时 SEL 指示灯点亮。

D.8

21. 回答 A 是正确的。ECM 冷却板被阻塞将导致功率降低，但不会造成单个气缸失火。

回答 B 是错误的。# 3 缸喷油器弹簧断裂将导致喷油器行程缩短，因而提供少于正常值的燃油。

回答 C 是错误的。进气凸轮磨损将减少进入燃烧室的新鲜空气的数量。这将降低功率并会造成单个气缸的失火。

回答 D 是错误的。排气凸轮磨损将阻碍废气的排出，并在进气行程阻碍新鲜空气进入该气缸。这将造成单个气缸的失火。

B.10

22. 回答 A 是正确的。仅技师 A 正确。被阻塞的冷却系统会导致高的工作温度，并使气缸衬垫损坏。

回答 B 是错误的。被阻塞的初级燃油滤清器会导致功率降低，但不会造成气缸衬垫损坏。

回答 C 是错误的。仅技师 A 正确。

回答 D 是错误的。技师 A 是正确的。

B.5

23. 回答 A 是错误的。被阻塞的 EGR 通道可能造成 EGR 流量不足，但在 DPF 再生过程中是不需要 EGR 的。

回答 B 是正确的。仅技师 B 正确。后处理喷油器将燃油喷入排气流中加热排气以开始 DPF 的再生。若该喷油器存在故障，燃油将不能喷入排气流中。

回答 C 是错误的。仅技师 B 正确。

回答 D 是错误的。技师 B 是正确的。

B.5

24. 回答 A 是错误的。若 EGR 阀被卡滞在全关位置，其传感器的电压应是 0.5V。

回答 B 是错误的。若 EGR 阀的 J1939 数据总线线路开路，该 EGR 阀位置传感器电压不应被发送给 ECM。

回答 C 是错误的。两技师都不正确。EGR 阀理应随发动机的转速和负荷而移动，但它没有如此，所以 EGR 阀是肯定已被卡滞，且 2.5V 的电压是 50% 开度位置的电压。

回答 D 是正确的。两技师都不正确。2.5V 电压的恒定读数表明 EGR 阀是被卡滞在 50% 的位置。

A.12

25. 回答 A 是错误的。若移动 / 主动再生已被禁用，它将阻止电子控制模块（ECM）在汽车移动中执行再生。这将导致需要每两天进行一次静态再生。

回答 B 是正确的。若该指示灯被禁用，它将阻止 ECM 在排气温度高时将其点亮。它不会阻止再生。

回答 C 是错误的。若该准许开关被禁用，它将阻止 ECM 执行再生。这将导致需要进行静态再生。

回答 D 是错误的。若 ECM 不能在 PTO 模式中执行再生，这将导致需要每两天进行一次静态再生。

26. 回答 A 是错误的。该开关卡滞在闭合位置将导致风扇持续运转。

B.4

回答 B 是错误的。若电磁阀有故障，当用诊断工具指令时也不可能使风扇离合器正常工作。

回答 C 是错误的。两技师都不正确。

回答 D 是正确的。两技师都是不正确的。

27. 回答 A 是正确的。在 ECM 插接器 1 插脚 9 的线路开路将阻止喷油器 1 接地并引起该气缸的失火，但不会影响发动机的制动功能。

B.9

回答 B 是错误的。在 ECM 插接器 1 插脚 10 的线路开路将影响气缸 1 和 2、气缸 5 和 6 的发动机制动电磁阀。

回答 C 是错误的。在 ECM 插接器 1 插脚 11 的线路开路将将影响气缸 3 和 4 的发动机制动电磁阀。

回答 D 是错误的。在 ECM 插接器 1 插脚 12 的线路开路将使所有三个电磁阀的地线开路，从而阻止发动机制动的功能。

28. 回答 A 是正确的。当两相邻气缸的功率都低时，气缸盖衬垫是被怀疑的对象。压缩压力的测试将有助于判别这种情况。

D.1

回答 B 是错误的。EGR 中冷器泄漏将导致冷却液缺失；但它通常不会造成两相邻气缸的功率都低。

回答 C 是错误的。铰接点 S11 处开路会导致 #1 缸和 #2 缸功率都低的测试结果。

回答 D 是错误的。铰接点 S13 处开路会导致 #5 缸和 #6 缸功率都低的测试结果。

29. 回答 A 是错误的。激活的故障码通过 SEL 指示灯显示。

B.2

回答 B 是错误的。非激活的故障码通过 CEL 指示灯显示。

回答 C 是正确的。若没有激活的或非激活的故障码，这是该系统正确的响应方式。

回答 D 是错误的。这是一个正常的状态且指示没有故障。

30. 回答 A 是错误的。怠速关机撤销是可编程的，以便使用者停用怠速关机计时器。

B.3

回答 B 是错误的。风扇接通的最小时间是可编程的，用于消除风扇离合器频繁地循环。

回答 C 是错误的。轮胎尺寸是可编程的，它被 ECM 用于显示车速和里程信息。

回答 D 是正确的。各种货车的转向盘直径是变化的；常见的直径尺寸是 22in。ECM 中不保存该信息。

31. 回答 A 是错误的。环境空气温度传感器的线路不是直接连接到 ECM 的，而是通过 BCM，该信息是通过数据总线传输的。

B.8

回答 B 是错误的。在 90 ℉(32.2℃) 时，该传感器的信号电压应是 2.5V。

回答 C 是错误的。两技师都不正确。

回答 D 是正确的。两技师都是不正确的。

A.6

32. 回答 A 是错误的。技师 B 也正确。

回答 B 是错误的。技师 A 也正确。

回答 C 是正确的。两技师都正确。冷却液温度传感器的信号被用于仪表盘的冷却液温度表、DPF 的再生和冷却风扇的控制。

回答 D 是错误的。两技师都是正确的。

B.3

33. 回答 A 是错误的。在低的车速时需要风扇来帮助保持冷凝器的冷却。

回答 B 是正确的。在高的车速时冷凝器的冷却不需要风扇来保持。

回答 C 是错误的。当需要保持冷凝器的冷却时，若风扇不工作，A/C 高压侧的压力将会高于正常值。

回答 D 是错误的。若高压侧的压力上升过高，该 A/C 压力开关将断开。当该参数被停用后，这在车速低的状况下将会出现。

B.2

34. 回答 A 是错误的。插接器 SX 开路将会导致设置所有三个 EGT 传感器的故障码。

回答 B 是正确的。电路 555 是 EGT1 的信号线。它开路将导致设置激活的故障码。

回答 C 是错误的。ECM 插脚 456 处的线路开路，将会导致设置所有三个 EGT 传感器的故障码。

回答 D 是错误的。电路 556 是一个接地线路，应该是接地的。

D.1

35. 回答 A 是错误的。上面的测试结果表明温度传感器存在电路问题，而不是传感器本身问题。

回答 B 是错误的。若燃油温度是比正常值低，该电压将不会是 0.0V 和 5.0V。

回答 C 是错误的。若燃油温度传感器开路，当该传感器被断开时，其电压不会改变。

回答 D 是正确的。上面的测试结果表明该传感器短路，因为当技师执行此测试时，被显示的是可能的最高和最低电压。

B.6

36. 回答 A 是错误的。EGT1 位于后处理装置的前面，也被称作后处理柴油氧化型催化器（DOC）入口温度传感器

回答 B 是错误的。EGT2 位于后处理装置的中部，也被称作后处理 DPF 入口温度传感器

回答 C 是错误的。EGT3 位于后处理装置的出口，也被称作后处理 DPF 出口温度传感器。

回答 D 是正确的。EGT3 才是用于点亮 HEST 指示灯的信号，不是 EGT1。

B.7

37. 回答 A 是错误的。技师 B 也正确。

回答 B 是错误的。技师 A 也正确。

回答 C 是正确的。两技师都正确。怠速关机计时器被编程为仅当环境温度在 40 ℉（4.4℃）至 80 ℉（26.7℃）之间才工作。

回答 D 是错误的。两技师都是正确的。

38. 回答 A 是错误的。APP 的 0% 读数应是正常信号，且不会阻碍发动机起动。

B.5

回答 B 是正确的。CMP/EPS1 有故障可能是其原因。诊断工具数据显示“No”。为起动发动机，ECM 必须接收到 EPS1 和 EPS2 这两个信号。

回答 C 是错误的。诊断工具的数据中没有表明 CKP/EPS2 有故障。该信号显示“Yes”且已显示了发动机的转速。

回答 D 是错误的。发动机冷却液的液位显示“正常”。这不会阻碍发动机起动。

39. 回答 A 是错误的。技师 B 也正确。

回答 B 是错误的。技师 A 也正确。

A.14

回答 C 是正确的。两技师都正确。参照综合汽车发动机的电路图，插接器 IX 被显示为直接连接至 EGR 阀电动机，插接器 JX 被显示为是 VGT 执行器上的一个引线插接器。

回答 D 是错误的。两技师都是正确的。

40. 回答 A 是错误的。后处理 DOC 入口温度的正常值范围是在 0 ℉（−17.8℃）至 2000 ℉（1093.3℃）之间。

B.5

回答 B 是错误的。后处理 DPF 压差的正常值范围是在 0~30in.Hg 之间。

回答 C 是错误的。后处理 DPF 出口温度的正常值范围是在 0 ℉（−17.8℃）至 2000 ℉（1093.3℃）之间。

回答 D 是正确的。后处理燃油压力的正常值范围是在 0~200lbf/in^2 之间。

41. 回答 A 是错误的。若机油压力传感器有故障，机油压力表和诊断工具都应指示相同的压力值。因为这两个装置都是使用来自发动机机油压力传感器的信息。

B.5，B.7

回答 B 是错误的。若在电路 118 上存在高的电阻，作为机油压力表和诊断工具都应显示相同的压力值。该故障的最可能原因是压力表有故障。

回答 C 是错误的。两技师都不正确。

回答 D 是正确的。两技师都是不正确的。

42. 回答 A 是错误的。该输油泵是机械式燃油泵。在额定转速的压力标准是 90~100lbf/in^2。

回答 B 是正确的。虽然它们共用一根共用电源线，但喷油器是单独工作的。

D.7

回答 C 是错误的。喷油器的电源线通常是 1 和 2 共用、3 和 4 共用及 5 和 6 共用一个电源线。

回答 D 是错误的。该系统使用第一级和第二级燃油滤清器。第二级燃油滤清器向发动机和排气后处理系统供给燃油。

43. 回答 A 是错误的。被阻塞的散热器中的冷却液芯管，会提高发动机的温度，并导致过高的工作温度。

回答 B 是正确的。ECT 传感器是一个热敏元件。高的阻值代表低的温度。所以高于正常值的电阻将造成仪表盘冷却液温度表的读数低于正常值。

B.4

回答 C 是错误的。增压空气中冷器通常安装在散热器前面。若该中冷器被阻塞，进而通过散热器的空气流量也会减少，从而使冷却液温度升高。

回答 D 是错误的。水泵叶轮损坏将减少冷却液的流量并将使冷却液温度升高。

B.5

44. 回答 A 是错误的。DOC 中的阻力将导致排气在排气系统中受阻，并可能设置一个激活的排气压力高的故障码。

回答 B 是错误的。插接器 AX 的端子 1 和 3 之间短路将会导致高的电压被送至电路 301 上的 ECM。这会被 ECM 认为是一个高出范围的故障。

回答 C 是正确的。插接器 AX 的端子 1 和 2 之间短路将导致低的电压被送至电路 301 上的 ECM。这会被 ECM 认为是一个低于范围的故障。

回答 D 是错误的。DPF 中的阻力将导致排气在排气系统中受阻，并可能设置一个激活的排气压力高的故障码。

D.2

45. 回答 A 是错误的。技师需要确定与起动困难有关的原因。虽然向进气歧管喷入乙醚可帮助发动机起动，但不能确诊问题，所以它不是应向驾驶人建议的事情。

回答 B 是正确的。若技师发现手动输油泵上没有阻力或阻力很小，有理由相信燃油系统已经没有燃油了。

回答 C 是错误的。在拆下并测试喷油器前，需要检查燃油系统中是否存有空气。

回答 D 是错误的。ECM 冷却板有可能是燃油中空气的来源。但技师首先需要确定是否与燃油中存有空气有关，然后再分隔燃油系统的不同区域，以便确定空气渗入的部位。

模拟考试 5——标准答案

1. C
2. D
3. C
4. C
5. D
6. D
7. B
8. A
9. C
10. A
11. B
12. A
13. D
14. C
15. C
16. A
17. A
18. B
19. D
20. B
21. C
22. A
23. C
24. C
25. A
26. D
27. D
28. D
29. B
30. C
31. C
32. B
33. B
34. D
35. C
36. C
37. D
38. A
39. A
40. C
41. D
42. C
43. A
44. A
45. B

模拟考试 5——答案解释

1. 回答 A 是错误的。技师 B 也正确。

回答 B 是错误的。技师 A 也正确。

回答 C 是正确的。两技师都正确。任何限制通过发动机进气或排气系统空气流量的因素都将导致加速慢。 A.15

回答 D 是错误的。两技师都是正确的。

2. 回答 A 是错误的。表中发动机冷却液温度（ECT）传感器正显示明显低于其他传感器的温度读数。在停放 24h 后，这些温度传感器应指示非常接近的温度。该数据表明该冷却液温度传感器已漂移；应对其电路进行诊断。 B.2

回答 B 是错误的。表中环境空气温度传感器正指示与其他温度传感器相同的温度，而显示的冷却液温度值不正确。

回答 C 是错误的。两技师都不正确。

回答 D 是正确的。两技师都是不正确的。

3. 回答 A 是错误的。5in.H_2O 是非常低的阻力，并是可接受的。该滤清器不需要被更换。

回答 B 是错误的。进行进气阻力的测试使用水压计而不是水银压力计。 C.1

回答 C 是正确的。25in.H_2O 被认为是允许的最大值。

回答 D 是错误的。水银柱的刻度单位不被用于此测试。水柱的刻度单位是正确的刻度单位。

4. 回答 A 是错误的。技师 B 也正确。

回答 B 是错误的。技师 A 也正确。

回答 C 是正确的。两技师都正确。保存数据使技师易于向客户进行维修说明。若该数据是从失效的 ECM 提取的，它将使技师在正确设置新 ECM 时更方便些。 B.2

回答 D 是错误的。两技师都是正确的。

5. 回答 A 是错误的。若涡轮增压器叶轮叶片被磨损，很可能发动机进入了灰尘，致使压缩环磨损。这可能是功率低的原因。

回答 B 是错误的。被阻塞的初级燃油滤清器通常是功率低的原因。

回答 C 是错误的。被阻塞的第二级燃油滤清器通常是功率低的原因。 D.2

回答 D 是正确的。有故障的 ECM 可能会导致无法起动的状况，设置不准确的编码或无法驱动执行器。然而，有关功率低的抱怨并未伴有与失效的 ECM 相关的故障。

6. 回答 A 是错误的。为了清洁被阻塞的 DPF 而执行了 DPF 的静态再生。表中 DOC 入口温度远低于现实状况时的温度。该后处理系统没有正确工作。 B.5

回答 B 是错误的。没有表明 DOC 以损坏。表中 DOC 入口温度远低于被阻塞状况时的温度。该传感器或其电路存在故障。

回答 C 是错误的。DOC 入口温度低于预料值。可用 DPF 两端高的压差来判断 DPF 是否损坏。

回答 D 是正确的。DOC 入口温度传感器表明了一个过低的温度读数。该传感器或其电路存在故障。

D.5

7. 回答 A 是错误的。被阻塞的初级燃油滤清器会阻碍足够的燃油流量进入 HP（高压）泵。这将造成共轨中的压力低。

回答 B 是正确的。喷油器上的溢流排泄管路被阻塞将会导致功率降低；但它不会导致 HP 泵所建立的油压不足。

回答 C 是错误的。磨损的喷油器将泄漏高压燃油，并引起此故障码。

回答 D 是错误的。被阻塞的第二级燃油滤清器将造成 HP 泵接收不到足够的燃油供给，从而无法建立高压燃油。

C.5

8. 回答 A 是正确的。通常预热塞的电阻标准是小于 1.0Ω。

回答 B 是错误的。5.0Ω 的电阻读数大于标准值，会造成预热塞实际上没有被加热。

回答 C 是错误的。50.0Ω 的电阻读数大于标准值，会造成预热塞实际上没有被加热。

回答 D 是错误的。无穷大（OL）的电阻代表电路开路，将不会产生热量。

B.10

9. 回答 A 是错误的。技师 B 也正确。

回答 B 是错误的。技师 A 也正确。

回答 C 是正确的。两技师都正确。EGR 中冷器的安装位置通常高于发动机。这个位置意味着当冷却系统中存在空气时，它们会积聚在 EGR 中冷器中。空气起到了绝热体的作用并将导致 EGR 中冷器过热而失效。

回答 D 是错误的。两技师都是正确的。

D.5

10. 回答 A 是正确的。该 EPS（发动机位置传感器）指示了一个有效的发动机转速。这里并没有表明该 EPS 已经失效。

回答 B 是错误的。上表中的油压对 HPCR 燃油系统来讲是过低的。被阻塞的初级燃油滤清器可能是其原因。

回答 C 是错误的。被阻塞的第二级燃油滤清器会导致燃油压力低。该发动机会因燃油压力不足而无法起动。

回答 D 是错误的。失效的 HPCR 油泵会造成共发动机起动的燃油压力不足。失效的 HPCR 泵可能是这个不能起动状况的原因。

B.8

11. 回答 A 是错误的。该开关卡滞在闭合位置，将在所有时间都通过电流。由于这是一个无负荷的串联电路，当开关闭合时，电路 553 被拉至接地，电压表上的电压降应指示为 0.0V。

回答 B 是正确的。若该开关卡滞在打开位置，图中在开关插接器的 B 点和接地的 A 点之间将始终有 12V 电压。因此，该电压表将在所有时间都指示 12V。

回答 C 是错误的。若电路 553 开路，则 12V 电压将不能到达该开关。因此电压表应在所有时间都指示 0.0V。

回答 D 是错误的。若电路 554 开路，将始终没有地线。为使电压表有 12V 的读数，这里必须有地线。

12. 回答 A 是正确的。怠速时的机油压力低于 2lbf/in^2 时将导致关机，但不会是在 4lbf/in^2。

回答 B 是错误的。发动机冷却液温度超过 240 ℉（115.6 ℃）时将导致关机。 A.5

回答 C 是错误的。发动机机油温度超过 260 ℉（126.7 ℃）将造成关机。

回答 D 是错误的。冷却液液面低于正常液位时将导致关机。

13. 回答 A 是错误的。卡滞在打开位置的废气门会导致低的进气歧管压力和低的功率。它不会造成进气歧管压力高。

回答 B 是错误的。卡滞在打开位置的废气门会导致发动机建立进气歧管压力慢，但它不会增高排气背压。 C.3

回答 C 是错误的。两技师都不正确。

回答 D 是正确的。两技师都是不正确的。

14. 回答 A 是错误的。1000mL 的量杯被用于测量回油量。该测试被用于发现正在泄漏燃油的喷油器。

回答 B 是错误的。电阻表被用于测量喷油器电磁阀的电阻。

回答 C 是正确的。高度规可被用于测量 EUI 喷油器的高度，但不用在 HPCR 燃油系统上。 D.5

回答 D 是错误的。诊断工具可被用于识别出失火的喷油器。

15. 回答 A 是错误的。技师 B 也正确。

回答 B 是错误的。技师 A 也正确。

回答 C 是正确的。两技师都正确。若摆动叶片卡滞，则 VGT 将无法正确地响应来自 ECM 的指令，使涡轮增压压力会减小。若 EGR 阀卡滞在打开位置，进入发动机的空气中会包含过多的排出的废气，这将降低功率。 B.4

回答 D 是错误的。两技师都是正确的。

16. 回答 A 是正确的。仅技师 A 正确。某些制造商建议使用百分表检测行程，并调整车间压缩空气压力，以便测量该废气门执行器的行程。

回答 B 是错误的。为测量废气门执行器的行程，该执行器必须保留在涡轮增压器上。该执行器移动的距离受废气门自身的影响。 C.3

回答 C 是错误的。仅技师 A 正确。

回答 D 是错误的。技师 A 是正确的。

17. 回答 A 是正确的。仅技师 A 正确。HP 泵是属于在泵入口进行计量的油泵类型。若 O 形密封圈损伤或缺失，过多的燃油会进入 HP 泵从而导致共轨中过高的燃油压力。

回答 B 是错误的。溢流阀仅在压力超过最大允许值时才打开。若该溢流阀被卡滞在打开位置，HPCR 燃油系统将产生低于规定值的压力，而不是高于。 D.5

回答 C 是错误的。仅技师 A 正确。

回答 D 是错误的。技师 A 是正确的。

18. 回答 A 是错误的。预热塞开路将造成所有预热塞不工作。

回答 B 是正确的。表中显示 #2 缸、#4 缸、#6 缸和 #8 缸的预热塞没有 C.5

电流消耗；这可能是至此气缸组的线束开路，应进行维修。

回答 C 是错误的。压缩压力低可能导致发动机在寒冷气候时起动困难，但测试结果表明预热塞线束存在故障。

回答 D 是错误的。失效的 EPS（发动机位置传感器）会导致柴油发动机起动失败；但表中显示参数表明预热塞线路存在故障。

19. 回答 A 是错误的。被阻塞的燃油滤清器会导致燃油系统中的燃油流量 / 压力低，从而设置该故障码。

B.2

回答 B 是错误的。被阻塞的第二级燃油滤清器会导致燃油压力低。这个燃油压力会造成有关后处理燃油压力传感器的故障码被设置。

回答 C 是错误的。分配缸内的阻力会导致燃油流量和压力低。这会引起燃油压力低的故障码。

回答 D 是正确的。ECM 冷却板的位置在后处理燃油压力传感器的后面。被阻塞的 ECM 冷却板将提高在传感器上的压力，而不是降低压力。

20. 回答 A 是错误的。无法断开的风扇控制开关会阻碍风扇的手动关闭，但不会造成 DPF 需要频繁再生。

B.8，B.10

回答 B 是正确的。使用低硫而不是超低硫柴油（ULSD）将产生更多炭烟，加大 DPF 的负荷从而需要频繁再生。

回答 C 是错误的。发动机制动电磁阀的绕组开路将影响发动机制动功能，但不会造成 DPF 需要频繁再生。

回答 D 是错误的。插接器 K 的端子 1 线路的开路将引起冷却液液位传感器信号低的故障码。这不影响 DPF 需要再生的频次。

21. 回答 A 是错误的。技师 B 也正确。

回答 B 是错误的。技师 A 也正确。

A.17

回答 C 是正确的。两技师都正确。损坏的涡轮增压器会将机油泵入排气流中从而堵塞 DOC 的表面。若汽车在维修后进行路试时，它仍表现出性能不良的症状，技师应检查是否有任何故障码（DTC）。

回答 D 是错误的。两技师都是正确的。

22. 回答 A 是正确的。仅技师 A 是正确的。图示灯表示 EGT3 处的排气温度高，它是静态再生过程中的一种正常状态。

B.6

回答 B 是错误的。EGT3 处的排气温度高，图示灯作为一种指示而被点亮，这是静态再生中的一种正常状态。

回答 C 是错误的。仅技师 A 正确。

回答 D 是错误的。技师 A 是正确的。

23. 回答 A 是错误的。技师 B 也正确。

回答 B 是错误的。技师 A 也正确。

B.3

回答 C 是正确的。两技师都正确。在综合汽车上，轮胎每英里的圈数、怠速关机计时器、总减速比和加速踏板下移上限都是可编程参数中的一部分。

回答 D 是错误的。两技师都是正确的。

D.1

24. 回答 A 是错误的。#1 喷油器上的电磁阀开路可解释气缸 1 的结果，但不可能影响气缸 2。

回答 B 是错误的。增压空气中冷器泄漏将导致增压压力损失；但它不会仅引起两个气缸的做功低。

回答 C 是正确的。铰接点 S11 处的电路开路将会造成气缸 1 和气缸 2 的测试结果低。

回答 D 是错误的。铰接点 S13 处的电路开路将会造成气缸 5 和气缸 6 的测试结果低。

25. 回答 A 是正确的。仅技师 A 是正确的。综合汽车的线路图表明这是一对双绞线。这是为了减小电磁干扰。

B.9

回答 B 是错误的。VSS 的信息是通过 J1939 数据总线进行广播的。该传感器不是直接连接到该数据总线上，而是被直接连接到 ECM 上，然后 ECM 再通过数据总线发布此信息。作为智能装置的一个例子，可变几何尺寸涡轮（VGT）执行器可在 J1939 上直接进行广播。

回答 C 是错误的。仅技师 A 正确。

回答 D 是错误的。技师 A 是正确的。

26. 回答 A 是错误的。电阻表可被用于测量电磁阀的电阻。

B.4

回答 B 是错误的。诊断工具可被用于分辨失火的气缸。

回答 C 是错误的。高温计可被用于测量每个气缸的排气温度，以便帮助分辨失火的气缸。

回答 D 是正确的。在电子泵喷嘴（EUI）燃油系统上使用燃油压力表所进行的测试，对确定某个气缸失火是没有意义的。

27. 回答 A 是错误的。进气歧管温度传感器可导致冷却风扇连续工作，但不会造成发动机不能起动。

B.2

回答 B 是错误的。失效的进气歧管压力传感器将影响燃油的供给量，并引起功率降低，但不会导致发动机不能起动。

回答C是错误的。EGT1 传感器有故障可影响废气再循环（EGR）的工作，但不会造成无法起动。

回答 D 是正确的。失效的发动机位置传感器 1 将不向 ECM 发送正确的信号。若 ECM 没有来自发动机两个位置传感器的准确信号。它将无法确定发动机的正确位置，从而导致不能起动。

28. 回答 A 是错误的。在起动过程中，燃油压力的规范值是 20lbf/in^2，而在额定转速时为 90~100lbf/in^2。

B.10，D.3

回答 B 是错误的。卡滞在打开位置的燃油压力调节阀将会导致回流的油量没有被限制。这会造成燃油压力低，而不是压力高。

回答 C 是错误的。两技师都不正确。

回答 D 是正确的。两技师都是不正确的。

29. 回答 A 是错误的。冷却风扇控制开关短路将会导致风扇在所有时间处于运转状态。这不会造成发动机过热并关机。

A.6

回答 B 是正确的。若电路 158 与蓄电池正极短路，该电磁阀会在所有时间都被通电。这将造成风扇始终不工作，从而引起该货车发动机过热并关机。

回答 C 是错误的。发动机冷却风扇电磁阀绕组开路将阻止该电磁阀被通电，从而使冷却风扇始终运转。

回答 D 是错误的。至冷却风扇的空气管路泄漏将导致该风扇持续运转。

B.9

30. 回答 A 是错误的。至铰接点 S32 的电路开路将仅影响这两个传感器。在此点的接地将会影响与电路 222 连接的所有传感器。

回答 B 是错误的。至铰接点 S31 的电路开路仅会影响这两个传感器。

回答 C 是正确的。ECM 插接器 1 的端子 25 电路开路将仅影响 IAT 传感器的信号。

回答 D 是错误的。电路 222 中的开路将会影响 ECT、IMT、EOT、IAT 传感器和燃油温度传感器（FTS）。

C.6

31. 回答 A 是错误的。CEL 在全炭烟负荷时被点亮。这是等级 3 的负荷。

回答 B 是错误的。功率在全炭烟负荷的 40% 时开始降低。该全炭烟负荷被称为等级 3 的负荷。

回答 C 是正确的。综合汽车的说明中并没有指明多大百分比的炭烟负荷被认为是过满。

回答 D 是错误的。当 DPF 被认为过满时（等级 4），功率会降低 80%。

C.6

32. 回答 A 是错误的。所给出的随发动机转速的压力变化很明显表明了当前存在燃油压力。

回答 B 是正确的。若后处理燃油切断阀被打开，将使该压力传感器处始终存在燃油压力。仅在发动机起动后及运转的头 1min 内，或在 DPF 的主动再生过程中该传感器处才应有燃油压力。

回答 C 是错误的。若后处理燃油切断阀被关闭，将不会有燃油压力到达传感器处。

回答 D 是错误的。若后处理的排泄阀被打开，在系统中不会建立起燃油压力。

B.9

33. 回答 A 是错误的。安装在 DOC 入口处的传感器是后处理 DOC 的入口温度传感器，而不是后处理 DPF 的入口温度传感器，也被称为 EGT1 传感器。

回答 B 是正确的。后处理 DPF 入口温度传感器是安装在 DOC 之后、DPF 之前，也被称为 EGT2 传感器。

回答 C 是错误的。后处理 DPF 出口温度传感器位于 DPF 的出口处，也被称为 EGT3 传感器。

回答 D 是错误的。某些 2010 年及以后的新型发动机在涡轮增压器的出口会有一个 NO_x 传感器。

B.10

34. 回答 A 是错误的。低的进气歧管压力会造成低的功率；然而表中给出的信息表明该进气歧管压力是正常的。

回答 B 是错误的。高的冷却液温度会导致 ECM 降低功率；但按照诊断工具显示的数据，此时的冷却液温度并不高。

回答 C 是错误的。进气温度高会造成发动机的功率降低；但上表显示的进气温度并不被认为是高的。

回答 D 是正确的。高的排气背压是功率低的一个根源。上表显示的数据高于正常值。因此这应是该发动机功率低的原因。

35. 回答 A 是错误的。在发动机起动过程中，13.6V 的蓄电池电压是很高的，这表明蓄电池电压并不低；若低于 9V 则表明蓄电池的电压低。

回答 B 是错误的。若点火开关关闭、发动机停机时蓄电池漏电，则蓄电池的电压应非常低。 B.6

回答 C 是正确的。蓄电池电压高而起动转速低，则很可能是蓄电池的电缆存在高的电阻。这应是该起动困难问题的根源。

回答 D 是错误的。表中的诊断工具数据没有给出环境空气温度。在这种情形下的默认正常温度将是 80 ℉（26.7℃）

36. 回答 A 是错误的。燃油系统持续将未使用的燃油返回燃油箱以帮助冷却燃油系统的部件。燃油箱中燃油的液面低会造成燃油过热，这常常发生在炎热天气时。

回答 B 是错误的。插接器“H”处间歇性的短路，将导致电路电阻低于正常值；这将被 ECM 识别成高的燃油温度。 B.2

回答 C 是正确的。ECM 插接器 I 的端子 20 处存在高的电阻，会导致 ECM 将进气歧管温度识别为低于实际的温度值。

回答 D 是错误的。若燃油系统的温度高于正常值，ECM 将设置燃油系统温度高的故障码。在燃油被冷却下来后，该激活的故障码将转变为非激活的故障码。

37. 回答 A 是错误的。技师 A 是不正确的。

回答 B 是错误的。技师 B 是不正确的。

回答 C 是错误的。两技师都不正确。 B.10

回答 D 是正确的。两技师都是不正确的。ECM 和传感器间的线路中存在高的阻抗。当传感器被连接而形成回路时，由于高的阻抗造成了该电路上的电压降。该线束线路需要被维修。

38. 回答 A 是正确的。J1939 终端电阻中的一个开路将导致电阻表读到 120Ω 的电阻，因为该开路是发生在一个电路的并联部分。

回答 B 是错误的。ECM 和插接器 XX 之间的电路 566 开路将导致电阻表读到 OL，因为它在该电路中的串联部分制造了一个开路。 B.9

回答 C 是错误的。ECM 和插接器 XX 之间的电路 567 开路将导致电阻表读到 OL，因为它在该电路中的串联部分制造了一个开路。

回答 D 是错误的。若插接器 XX 未插接，该电阻表会读到 OL，因为它在该电路中的串联部分制造了一个开路。

39. 回答 A 是正确的。仅技师 A 正确。磨损的喷油器会导致喷油器的喷雾形态变差并冒黑烟。排气中来自被磨损的喷油器的过多燃油可以损坏 DPF。

回答 B 是错误的。磨损的输油泵会导致燃油压力低和功率不足，但不会导致冒黑烟。 D.6

回答 C 是错误的。仅技师 A 正确。

回答 D 是错误的。技师 A 是正确的。

B.7 40. 回答 A 是错误的。DPF 可在 0.5h 内完成再生。这是非常快的，但它不是 ECM 所允许的最大时间数量。

回答 B 是错误的。1.0h 是常用的静态再生时间框架，但它也不是 ECM 所允许的最大时间数量。

回答 C 是正确的。按照综合汽车有关信息（本书 24~25 页），DPF 静态再生的时间可长达至 1.5h。

回答 D 是错误的。综合汽车参考指南中说明了该静态再生可能长达至 1.5h。

B.9 41. 回答 A 是错误的。该压差传感器测量 DPF 两端之间的压力降以确定是否存在阻塞。

回答 B 是错误的。该压差传感器安装在 DPF 上。

回答 C 是错误的。该压差传感器有两个接口，分别连接在 DPF 的两侧。

回答 D 是正确的。该压差传感器的两个接口分别连接在 DPF 的入口和出口。这两个接口都在 DOC 之后。DOC 的阻力不包括在此计算内。

B.6 42. 回答 A 是错误的。因为 ECM 没有电源，所以发动机将无法起动。

回答 B 是错误的。若 ECM 没有电源，它也不能与诊断工具或网络上的任何装置进行通信。

回答 C 是正确的。发动机将不起动，当然也就完全没有怠速。

回答 D 是错误的。因为没有电源，发动机 ECM 与 J1939 上的任何装置都没有通信。

B.2 43. 回答 A 是正确的。仅技师 A 正确。若 EPS2 信号缺失，发动机将起动失败。为起动发动机，ECM 要求来自 EPS1 和 EPS2 的有效信号。

回答 B 是错误的。若 EPS2 在发动机运转时失效，ECM 将使用 EPS1 的信号继续运转发动机。但若发动机一旦被关机，将由于 EPS2 失效而无法重新起动。

回答 C 是错误的。仅技师 A 正确。

回答 D 是错误的。技师 A 是正确的。

B.2 44. 回答 A 是正确的。插接器 C 是进气歧管压力传感器的插接器。当其被断开时，发动机可起动，但会功率不足并设置故障码（DTC）。

回答 B 是错误的。插接器 A 是用于喷油器和发动机制动电磁阀的，若它被断开，将导致无法起动的状况。

回答 C 是错误的。EPS1 或 EPS2 失效将阻碍发动机起动。

回答 D 是错误的。若没有发动机位置传感器向发动机 ECM 发送信号，ECM 将不使喷油器通电。

B.1 45. 回答 A 是错误的。若 ECM 与喷油器的线路被断开后，发动机仍能运转，则是喷油器已经有故障，而不是 ECM。

回答 B 是正确的。当插接器 A 与 ECM 的连接被断开后，喷油器不再被通电。若发动机仍可继续运转，则喷油器在其电磁阀没有被通电的情况下仍然喷油。因此该喷油器已有故障。

回答 C 是错误的。发动机凸轮轴磨损会影响喷油器的喷油。但它不会造成在与 ECM 的连接被断开情况下仍喷射燃油的情形。

回答 D 是错误的。信号轮损坏将会导致失火或无法起动的状况。它不可能造成在喷油器电路被断开时发动机仍可运转。

模拟考试 6——标准答案

1. A
2. C
3. C
4. A
5. A
6. C
7. D
8. C
9. C
10. C
11. A
12. C
13. D
14. D
15. C
16. A
17. C
18. C
19. D
20. A
21. A
22. C
23. C
24. A
25. D
26. B
27. D
28. C
29. A
30. A
31. B
32. A
33. A
34. C
35. D
36. D
37. D
38. C
39. C
40. B
41. D
42. C
43. B
44. A
45. D

模拟考试 6——答案解释

发动机转速	275r/min
HPCR 燃油压力	250lbf/in^2
进气温度	75℉（23.9℃）

1. 回答 A 正确的。该 EPS 已表明起动的转速。这并没有反映出 EPS 已失效。

D.5

回答 B 错误的。上表中的压力值对 HPCR 燃油系统来讲是过低了。当内部磨损后，HPCR 燃油系统将会存在内部泄漏从而导致燃油压力低。

回答 C 错误的。燃油压力安全泄放阀泄漏将导致燃油压力低。由于燃油压力不足，发动机将无法起动。

回答 D 是错误的。若 HPCR 泵失效将不能产生起动所需的足够的燃油压力。若该泵失效可能是这个无法起动状况的原因。

B.1

2. 回答 A 是错误的。技师 B 也正确。

回答 B 是错误的。技师 A 也正确。

回答 C 是正确的。两技师都正确。被拉伸的气缸盖螺栓会造成压紧力不足，并导致被更换的气缸盖衬垫反复失效。输入到 ECM 中的喷油器校准编码不正确可能导致发动机产生高于设计值的功率，这将会造成气缸盖衬垫泄漏。

回答 D 是错误的。两技师都是正确的。

B.11

3. 回答 A 是错误的。技师 B 也正确。

回答 B 是错误的。技师 A 也正确。

回答 C 是正确的。两技师都正确。没有正确设置喷油器的安装高度会导致燃油供给不正确，从而引起怠速不良。没有正确地输入喷油器的校准编码也会导致燃油供给不正确，从而造成怠速不良。

回答 D 是错误的。两技师都是正确的。

D.6

4. 回答 A 是正确的。该预热塞已被通过了测试。它们没有故障。

回答 B 是错误的。机油液面低会阻碍 HEUI 喷射系统工作。这将会导致发动机无法起动的状况。

回答 C 是错误的。有故障的预热塞控制器不能使预热塞被加热，这可能是发动机无法起动的原因。

回答 D 是错误的。喷射驱动压力低会影响 HEUI 喷油器的工作。这将会造成无法起动的状况。

B.11

5. 回答 A 是正确的。仅技师 A 正确。若旧增压器上的排气涡轮从轴上脱落，排气涡轮部分有可能滞留在排气系统中，但技师在更换新的涡轮增压器时并没有看是否有这种情况。这将造成排气受阻、排气系统压力和温度高，以及功率降低。

回答 B 是错误的。若废气门卡滞在打开位置，在有负荷状况下，发动机加速缓慢，但它不会造成排气温度高

回答 C 是错误的。仅技师 A 正确。

回答 D 是错误的。技师 A 是正确的。

A.8，A.9

6. 回答 A 是错误的。技师 B 也正确。

回答 B 是错误的。技师 A 也正确。

回答 C 是正确的。两技师都正确。烟雾设备产生烟雾，以帮助技师确定任何封闭系统的泄漏。它可被用在进气、排气或曲轴箱系统，来保证定位泄漏点。

回答 D 是错误的。两技师都是正确的。

B.6，B.8

7. 回答 A 是错误的。3.6V（DC）的读数表明蓄电池电压低。但该技师正在检查电压降，而不是蓄电池的电压。

回答 B 是错误的。若电器附件的电流消耗过大将很有可能会导致熔丝熔断；但该测试是检查电压降。

回答 C 是错误的。电压降测试对检查电压的下降程度是有用的；但该测试需要在电路的负极侧进行。该技师正在检查电路的正极侧。

回答 D 是正确的。铰接点 S48 和 S55 之间电阻高将会导致过大的电压降。3.6V（DC）的读数表明了过大的电压降；正常值应是 0.5V。

8. 回答 A 是错误的。负荷测试仪可用于检查蓄电池为起动发动机提供所需电流的能力。

回答 B 是错误的。电压表可被用于检查起动过程中汽车蓄电池的电压。 B.6

回答 C 是正确的。电阻表不用于测试蓄电池，它被用于检查电路的导通性。

回答 D 是错误的。电流容量测试仪可被用于测试蓄电池，这是一种新的测试，用于检查蓄电池是否可为起动发动机提供所需的电流。

9. 回答 A 是错误的。电阻表是诊断电位计类型的传感器的有效工具，但对霍尔效应类型的传感器进行测试，应使用诊断工具。

回答 B 是错误的。电流表是检查电路中电流的有效工具，但霍尔效应的 D.4
传感器不进行电流的测试。

回答 C 是正确的。技师需要在移动该踏板的同时观察诊断工具上的信号。

回答 D 是错误的。技师可能会使用示波器检查来自该霍尔效应传感器的信号，但 OEM 通常不提供有关使用该测试方式时的信号占空比，或示波器波形的诊断信息。

10. 回答 A 是错误的。ECM 上没有电压将没有燃油喷射；因而排气中看不到烟雾，也无法起动发动机。

回答 B 是错误的。没有燃油提供给发动机将意味着没有燃油喷射；因而 B.4
排气中看不到烟雾，也无法起动发动机。

回答 C 是正确的。气缸压缩压力低将导致发动机无法起动；但应有烟雾排出。

回答 D 是错误的。发动机位置传感器失效将阻止燃油喷射；因而排气中看不到烟雾，也无法起动发动机。

11. 回答 A 是正确的。闪动的钥匙图标表明了一个安全防盗系统的问题。燃油油面低不会导致这个图标出现。

回答 B 是错误的。某些汽车的安全防盗系统要求驾驶人输入使用者的一 B.7
个 ID 或密码。该操作者可能已输入了一个错误的密码或输入了一个完全无效的密码。

回答 C 是错误的。某些汽车的安全防盗系统使用被编码的钥匙，以允许或禁用该安全防盗系统。

回答 D 是错误的。安全防盗系统可能已失效，并正在阻止该发动机起动。

12. 回答 A 是错误的。诊断工具可被用于进行 HEUI 喷油器工作时的哒哒声或嗡嗡声测试。

回答 B 是错误的。电阻表可被用于测量 HEUI 喷油器电磁阀的电阻。 D.6

回答 C 是正确的。1000mL 的量杯是用于测量 HPCR 燃油系统的燃油回流量，不用于 HEUI 燃油系统上的测试。

回答 D 是错误的。高温计可被用于单独测量每个气缸的排气温度，以便诊断失火的气缸。

13. 回答 A 是错误的。对符合 HD-OBD 标准的汽车来讲，这可能是一种正常状态。没有理由认为是 ECM 的故障。

B.11 回答 B 是错误的。失效的 J1939 数据总线会导致各模块之间不能按照期望的要求进行通信。

回答 C 是错误的。诊断工具已经连接并报告了正确的信息。该技师还没有执行完必要的作业。

回答 D 是正确的。在未达到规定的完整行程次数前,MIL 指示灯不会熄灭，该次数常常是 3 次。通常情况下，技师可通过诊断工具熄灭该 MIL 指示灯。

14. 回答 A 是错误的。燃油滤清器被阻塞将导致流量降低，而不是流量增加。

D.5 回答 B 是错误的。被阻塞的高压泄压阀将会导致共轨中的压力过高，但不是流量过大。

回答 C 是错误的。两技师都不正确。来自高压泄压阀的流量过大是因压力调节阀失效或泄压阀失效而造成的。

回答 D 是正确的。两技师都是不正确。

15. 回答 A 是错误的。EPS1 按规定是被密封的。机油压力没有能力进入该传感器。该传感器已经失效。

B.9 回答 B 是错误的。为在有机油的环境中工作，EPS1 被设计为密封式的传感器。若该传感器内部如上所述存在机油，则它已经失效。

回答 C 是正确的。EPS1 已经失效。它不能被密封而使机油进入其内部。

回答 D 是错误的。气门室盖衬垫泄漏仅会使机油出现在传感器的外表。但其插接器是密封的，不会使机油流入其端子区域。

16. 回答 A 是正确的。仅技师 A 正确。当 HPCR 喷油器磨损后将开始内部泄漏。通常其症状是热起动困难。测试燃油的回油量可以分辨出有故障的喷油器。

D.5 回答 B 是错误的。空气滤清器阻塞会导致功率降低，但不会仅造成热起动的抱怨而没有其他问题。

回答 C 是错误的。仅技师 A 正确。

回答 D 是错误的。技师 A 是正确的。

17. 回答 A 是错误的。技师 B 也正确。

回答 B 是错误的。技师 A 也正确。

B.3 回答 C 是正确的。两技师都正确。不正确的校准软件会影响燃油供给、怠速品质和功率。当排除柴油发动机的故障时，技师应检查并确保 ECM 装入的校准软件是正确且是最新的。

回答 D 是错误的。两技师都是正确的。

D.5 18. 回答 A 是错误的。技师 B 也正确。

回答 B 是错误的。技师 A 也正确。

回答 C 是正确的。两技师都正确。磨损的高压油泵会内部泄漏，从而导致上述的状况。喷油器内部泄漏将使其很难得到期望的共轨燃油压力，也会导致上述状况。

回答 D 是错误的。两技师都是正确的。

19. 回答 A 是错误的。压缩环磨损将导致气缸压缩压力低、冒烟和起动困难。

回答 B 是错误的。喷油器磨损会使燃油喷射的形态不佳，导致冒烟和起动困难。

A.4，B.5，C.3

回答 C 是错误的。发动机空气滤清器阻塞会导致冒烟，若阻塞严重也会造成起动困难。

回答 D 是正确的。废气门卡滞在打开位置，将导致在有负荷情况下发动机加速慢；但不会造成发动机起动困难。

20. 回答 A 是正确的。不需要对发动机暖机。在某些情况下，它甚至是不可能进行的。

回答 B 是错误的。车上的蓄电池应被充满电，并保持在良好状态。某些制造商建议在蓄电池上连接电压保持器，以保证蓄电池电压在工作过程中不会下降。

B.3

回答 C 是错误的。诊断工具应被连接在外部电源上，以确保诊断工具的内部电池电压在工作过程中不会过低。

回答 D 是错误的。在安装新的校准软件时，必须将诊断工具与 ECM 连接。某些制造商建议使用发动机附近的专用数据线来取代驾驶舱内的 ATA 数据线。

21. 回答 A 是正确的。若排气门泄漏，在进行的压缩压力测试中应显示出压缩压力低。

回答 B 是错误的。喷油器凸轮磨损会导致喷油失败，这将造成失火，但不会影响压缩压力。

B.4，B.10

回答 C 是错误的。喷油器磨损会导致失火，因为它会在内部泄漏柴油，但不会造成压缩压力低。

回答 D 是错误的。电磁阀电阻高会导致喷油器对燃油量的控制失败，但这不会造成压缩压力低。

22. 回答 A 是错误的。技师 B 也正确。

回答 B 是错误的。技师 A 也正确。

回答 C 是正确的。两技师都正确。若与此问题相关的故障码（DTC）已被存储，冻结帧的数据是非常有价值的。它可能表明因发动机过热而被发动机保护系统关机的原因。该技师将很有可能需要挂车或使用测功机对该车进行加载以便重现故障。

A.2，A.5

回答 D 是错误的。两技师都是正确的。

23. 回答 A 是错误的。技师 B 也正确。

B.8

回答 B 是错误的。技师 A 也正确。

回答 C 是正确的。两技师都正确。短路的喷油器线束将导致喷油器不工作，因为它将无法接收来自 ECM 的控制信号。喷油器线束线路可用电阻表进行测试。线路彼此之间不应有连通。

回答 D 是错误的。两技师都是正确的。

B.2，C.10

24. 回答 A 是正确的。被阻塞的空气滤清器会导致功率降低和可能冒烟，但不会造成曲轴箱的压力高。

回答 B 是错误的。被阻塞的曲轴箱通风滤清器会造成曲轴箱压力高，并导致故障码被设置。

回答 C 是错误的。活塞环磨损将使活塞环窜气，从而导致曲轴箱压力高。

回答 D 是错误的。活塞中的孔穴会导致曲轴箱的压力高。

A.10

25. 回答 A 是错误的。连杆轴承松旷导致的敲击声与发动机的负荷有关，与转速无关。

回答 B 是错误的。主轴承松旷导致的敲击声不依赖于发动机转速，而是依赖于负荷。

回答 C 是错误的。活塞销松旷导致的双敲击声与发动机转速无关，但与负荷有关。

回答 D 是正确的。仅出现在特定转速的明显的敲击噪声通常都与扭转减振器有关。应检查扭转减振器是否有泄漏、径向圆跳动过大、膨胀或损坏。

B.5

26. 回答 A 是错误的。DPF 缺失不会造成功率低的问题。

回答 B 是正确的。仅技师 B 正确。燃油滤清器阻塞会造成燃油流量低，这将导致排气流中的热度低和进气歧管压力低。

回答 C 是错误的。仅技师 B 正确。

回答 D 是错误的。技师 B 是正确的。

B.4，B.7

27. 回答 A 是错误的。磨损的叶轮将不能推动足够的空气来建立所需的进气歧管压力。

回答 B 是错误的。磨损的排气涡轮将不能使增压器的轴足够快地旋转，以建立所需的进气歧管压力。

回答 C 是错误的。被阻塞的 DPF 会引起排气流量减小，引起进气歧管压力不足。

回答 D 是正确的。有故障的防盗系统会导致无法起动，或起动后熄火的状况。它不会引起发动机设置进气歧管压力低的故障码。

C.2，C.1

28. 回答 A 是错误的。被阻塞的燃油滤清器会导致低的燃油流量和功率；但这不会设置故障码。

回答 B 是错误的。被阻塞的空气滤清器会造成减小的空气流量和进气歧管压力；但这不需要设置故障码。

回答 C 是正确的。ECM 的 214 号端子开路将断开专用的 J1939 数据总线；这几乎可以肯定会设置故障码。

回答 D 是错误的。磨损的叶轮片将导致低的空气流量和进气歧管压力；

但这不会设置故障码。

29. 回答 A 是正确的。电路 554 开路将将会阻止使用安装在仪表台上的开关进行 DPF 的再生，但不会造成发动机无法起动的状况。

回答 B 是错误的。电路 223 开路将会阻止电源到达发动机位置传感器（EPS）2；这将阻止发动机起动。 B.6

回答 C 是错误的。若插接器 A 开路，喷油器将不能接收来自 ECM 的信号。这将造成无法起动的状况。

回答 D 是错误的。若 ECM 的端子 27 和 28 之间短路，则 ECM 不能接收来自 EPS2 的信号，这将阻止发动机起动。

30. 回答 A 是正确的。电路 111 开路将会阻止发动机制动电磁阀（#3 缸和 #4 缸）工作。这将阻止发动机制动工作在低的状态。

回答 B 是错误的。电路 110 开路将阻止发动机制动工作在中等状态，且在高的状态下制动作用弱。 B.6

回答 C 是错误的。该发动机制动 on/off 开关失效，将阻止整个发动机制动的工作。

回答D是错误的。电路155开路将阻止发动机制动工作在中等和高的状态。

31. 回答 A 是错误的。发动机被编程为当其过热时被关机。但表中给出的冻结帧数据没有表明发生这种状况。

回答 B 是正确的。发动机机油压力是非常低；机油的液面低可能会导致机油压力低。由于压力低，发动机保护系统关闭了发动机。 A.5

回答 C 是错误的。上表中的数据表明发动机的转速是 600r/min。这是正常的怠速转速。

回答 D 是错误的。排气背压过高会导致发动机关机，这是因为燃烧的废气不能从发动机中排出。但上表中冻结帧的数据没有表明排气背压过高。

32. 回答 A 是正确的。仅技师 A 正确。在发动机制动被激活时，冷却风扇是否工作是一个可编程参数。由于没有其他抱怨，可编程参数的设置不正确一个可能的原因。 B.3

回答 B 是错误的。发动机冷却风扇电磁阀开路将导致该风扇持续运转。

回答 C 是错误的。仅技师 A 正确。

回答 D 是错误的。技师 A 是正确的。

33. 回答 A 是正确的。电路 128 是来自 EPS2 的信号线。为起动发动机，ECM 必须接收到此信号。

回答 B 是错误的。燃油系统中有空气是起动后熄火的常见原因。空气泡到达喷油器时，将造成无燃油被提供。 B.4

回答 C 是错误的。燃油初级滤清器松动将使空气进入燃油，并导致发动机起动后熄火。

回答 D 是错误的。燃油吸入管路被阻塞将造成发动机缺乏燃油，可能造成起动后熄火的抱怨。

34. 回答 A 是错误的。技师 B 也正确。 C.6

回答 B 是错误的。技师 A 也正确。

回答 C 是正确的。两技师都正确。被阻塞的后处理燃油切断阀，将减少至后处理喷油器的燃油流量，这可能阻止 DPF 的有效再生。卡滞在打开位置的后处理泄放阀会阻止后处理燃油供给系统中的压力建立，这将降低通过后处理喷油器的燃油流量，并妨碍 DPF 的正确再生。

回答 D 是错误的。两技师都是正确的。

B.5

35. 回答 A 是错误的。损坏的活塞将允许燃烧室的气体聚集在曲轴箱内，从而导致高的曲轴箱压力。

回答 B 是错误的。磨损的活塞环将导致燃烧气体进入曲轴箱，从而导致高的曲轴箱压力。

回答 C 是错误的。被阻塞的曲轴箱通风管会导致在曲轴箱内建立起压力，从而导致高的曲轴箱压力。

回答 D 是正确的。当发动机机油滤清器被阻塞时，机油滤清器压差阀（旁通阀）将打开以使未被过滤的机油绕过滤清器。这将不会影响曲轴箱压力。

B.6

36. 回答 A 是错误的。电路 178 开路将导致没有电流。过大的电流是电路熔断器断开的原因。

回答 B 是错误的。电路 192 短路将导致过大的电流；但它在汽车电路熔断器前面。因此不影响该汽车电路断路器。

回答 C 是错误的。电路 192 开路将停止电流的流动。该电路熔断器将没有接收到任何电压。

回答 D 是正确的。电路 178 对地短路将导致电流增加，并造成该电路熔断器断开。

C.11

37. 回答 A 错误的。电路 222 开路不会仅影响这两个传感器。它在开路后可能影响电路上的所有传感器或仅影响一个传感器。根据给出的电路，它不可能仅影响这两个传感器。

回答 B 错误的。在铰接点 S25 处的开路将会影响发动机冷却液温度（ECT）、进气歧管温度、燃油温度、发动机机油温度和进气温度传感器。但不影响进气歧管压力传感器。

回答 C 错误的。两技师都不正确。

回答 D 正确的。两技师都是不正确的。

B.3

38. 回答 A 是错误的。技师 B 也正确。

回答 B 是错误的。技师 A 也正确。

回答 C 是正确的。两技师都正确。怠速转速可在 600~850r/min 范围内进行编程。最大道路车速可在 0~120mile/h 范围内进行编程。

回答 D 是错误的。两技师都是正确的。

B.1

39. 回答 A 是错误的。技师 B 也正确。

回答 B 是错误的。技师 A 也正确。

回答 C 是正确的。两技师都正确。为使 DPF 的静态再生发生，必须没有来自加速、制动和离合器踏板的输入，同样来自空档安全开关的信号也必须

表明汽车正处于空档状态

回答 D 是错误的。两技师都是正确的。

40. 回答 A 是错误的。该发动机装有 VGT，它是一个可在 J1939 数据总线上进行通信的智能装置。

回答 B 是正确的。综合汽车没有 VVA，但它有经冷却的 EGR。通常一台发动机不会同时装有这两种装置。 C.9

回答 C 是错误的。该发动机使用经冷却的 EGR 来降低排放。冷却的 EGR 有助于降低 NO_x 排放物。

回答 D 是错误的。该发动机装有柴油氧化型催化器（DOC）和 DPF，以帮助降低微粒排放物。

41. 回答 A 是错误的。若发动机冷却风扇电磁阀有故障，当用诊断工具指令时，该风扇也不会运转。

回答 B 是错误的。若发动机冷却风扇有故障，当用诊断工具指令时，该风扇也不会运转。 B.6

回答 C 是错误的。鼓风电动机开关不控制冷却风扇；而是由 A/C 高压侧压力开关控制。

回答 D 是正确的。若 A/C 高压侧压力开关没有将高压侧压力高的信息发送给 ECM，ECM 将不会接通该风扇。

42. 回答 A 是错误的。若 EPS1 信号缺失将设置故障码，并导致无法起动的状况。

回答 B 是错误的。若 EPS2 信号缺失将设置故障码，并导致无法起动的状况 . D.8

回答 C 是正确的。喷油器复位弹簧断裂会导致从喷油器喷出的燃油量减少。由于该喷油器仍然供给部分燃油充量，它不会设置故障码。

回答 D 是错误的。喷油器电磁阀绕组开路会导致功率低；但这会设置故障码。

43. 回答 A 是错误的。电路 170 开路将阻止远程 PTO 开关的操作。

回答 B 是正确的。电路 171 开路将阻止来自 PTO 开关的信号到达 ECM。

回答 C 是错误的。ECM 端子 77 处开路将会影响通过该插脚上接地的所有电路。 B.7

回答 D 是错误的。ECM 端子 70 处开路将会影响远程 PTO 开关，但不影响安装在仪表台上的开关。

44. 回答 A 是正确的。被阻塞的曲轴箱通风滤清器会导致设置曲轴箱压力高的故障码。

回答 B 是错误的。过高的发动机机油压力可能会设置一个表明机油压力过高的故障码，但不会是曲轴箱压力过高。 C.10

回答 C 是错误的。曲轴箱通风滤清器缺失会设置一个压力低 / 滤清器缺失的故障码，但不会是曲轴箱压力高的故障码。

回答 D 是错误的。电路 304 开路将造成信号电压低，而不是信号电压高。

B.10

另外，根据电路开路的位置，可能导致排气背压传感器的故障码被设置。

45. 回答 A 是错误的。风扇控制开关失效不会影响诊断开关的操作。

回答 B 是错误的。诊断开关失效不会影响冷却风扇的运转。

回答 C 是错误的。ECM 端子 58 处的开路仅影响冷却风扇，不影响诊断开关的操作。

回答 D 是正确的。电路 161 对两开关是共用的；若其开路，这两个开关的功能都将不正常。

附录　常用英制—米制单位换算表

英制计量单位		单位换算	英制计量单位		单位换算
单位名称	单位符号		单位名称	单位符号	
码	yd	1yd=0.914 4m	千克力米	kgf·m	1kgf·m=9.806 65N·m
英尺	ft	1ft=0.304 8m	磅力英尺	lbf·ft	1lbf·ft=1.355 82N·m
英寸	in	1in=0.025 4m	磅力英寸	lbf·in	1lbf·in=0.112 985N·m
英里	mile	1mile=1 609.344m	英寸汞柱	inHg	1inHg=3 386.39Pa
密耳	mil	1mil=25.4 × 10^{-6}m	英寸水柱	inH$_2$O	1inH$_2$O=249.082Pa
平方英尺	ft^2	1ft^2=0.092 903 0m^2	巴	bar	1bar=10^{5}Pa
平方英寸	in^2	1in^2=6.451 6 × 10^{-4}m^2	千克力每平方厘米	kgf/cm^2	1kgf/cm^2=0.098 066 5MPa
平方英里	mile^2	1mile^2=2.589 99 × 10^{6}m^2	毫米水柱	mmH$_2$O	1mmH$_2$O=9.806 65Pa
立方英尺	ft^3	1ft^3=0.028 316 8m^3	毫米汞柱	mmHg	1mmHg=133.322Pa
立方英寸	in^3	1in^3=1.638 71 × 10^{-5}m^3	托	Torr	1Torr=133.322Pa
立方码	yd^3	1yd^3=0.764 554 9m^3	工程大气压	at	1at=98 066.5Pa
美加仑	gal	1USgal=3.785 41dm^3			=98.066 5kPa
美液品脱	USliqpt	1USliqpt=0.473 176 5dm^3	标准大气压	atm	1atm=101 325Pa
美干品脱	USdrypt	1USdrypt=0.550 610 5dm^3			=101.325kPa
美桶（用于石油）		1美桶=158.987 3dm^3	磅力每平方英尺	lbf/ft^2	1lbf/ft^2=47.880 3Pa
美液盎司	oz	1USfloz=29.573 53cm^3	磅力每平方英寸	lbf/in^2	1lbf/in^2=6 894.76Pa
英尺每秒	ft/s	1ft/s=0.304 8m/s	（psi）		=6.894 76kPa
英里每[小]时	mile/h	1mile/h=0.447 04m/s	尔格	erg	1erg=10^{-7}J
磅	lb	1lb=0.453 592 37kg	千克力米	kgf·m	1kgf·m=9.806 65J
英担	cwt	1cwt=50.802 3kg	英马力[小]时	hp·h	1hp·h=2.684 52MJ
英吨	ton	1ton=1 016.05kg	卡	cal	1cal=4.186 8J
短吨	sh ton	1sh ton=907.185kg	热化学卡	cal$_{th}$	1cal$_{th}$=4.184 0J
盎司	oz	1oz=28.349 5g	马力[小]时		1马力·时=2.647 79MJ
格令	gr	1gr=0.064 798 91g	电工马力[小]时		电工马力·时=2.685 60MJ
夸特	qr，qtr	1qr=12.700 6kg	英热单位	Btu	1Btu=1.055 06kJ
磅每立方英尺	lb/ft^3	1lb/ft^3=16.018 5kg/m^3	吨标准煤，吨当量煤	tec	1tec=29.307 6kJ
磅每立方英寸	lb/in^3	1lb/in^3=27 679.9kg/m^3	英尺磅力	ft·lbf	1ft·lbf=1.355 82J
盎司每立方英寸	oz/in^3	1oz/in^3=1 729.99kg/m^3	千克力米每秒	kgf·m/s	1kgf·m/s=9.806 65W
立方英尺每磅	ft^3/lb	1ft^3/lb=0.062 428 0m^3/kg	马力，[米制]马力		1马力 = 735.499W
立方英寸每磅	in^3/lb	1in^3/lb=3.612 73 × 10^{-5}m^3/kg	英马力	hp	1hp=745.700W
磅每英尺	lb/ft	1lb/ft=1.488 16kg/m	电工马力		1电工马力=746W
磅每英寸	lb/in	1lb/in=17.858 0kg/m	千卡每[小]时	kcal/h	1kcal/h=1.163W
磅每码	lb/yd	1lb/yd=0.496 055kg/m	热化学卡每秒	cal$_{th}$/s	1cal$_{th}$/s=4.184W
千克力	kgf	1kgf=9.806 65N	英尺磅力每秒	ft·lbf/s	1ft·lbf/s=1.355 82W
磅力	lbf	1lbf=4.448 22N	尔格每秒	erg/s	1erg/s=10^{-7}W
吨力	tf	1tf=9.806 65 × 10^{3}N			
盎司力	ozf	1ozf=0.278 014 N			